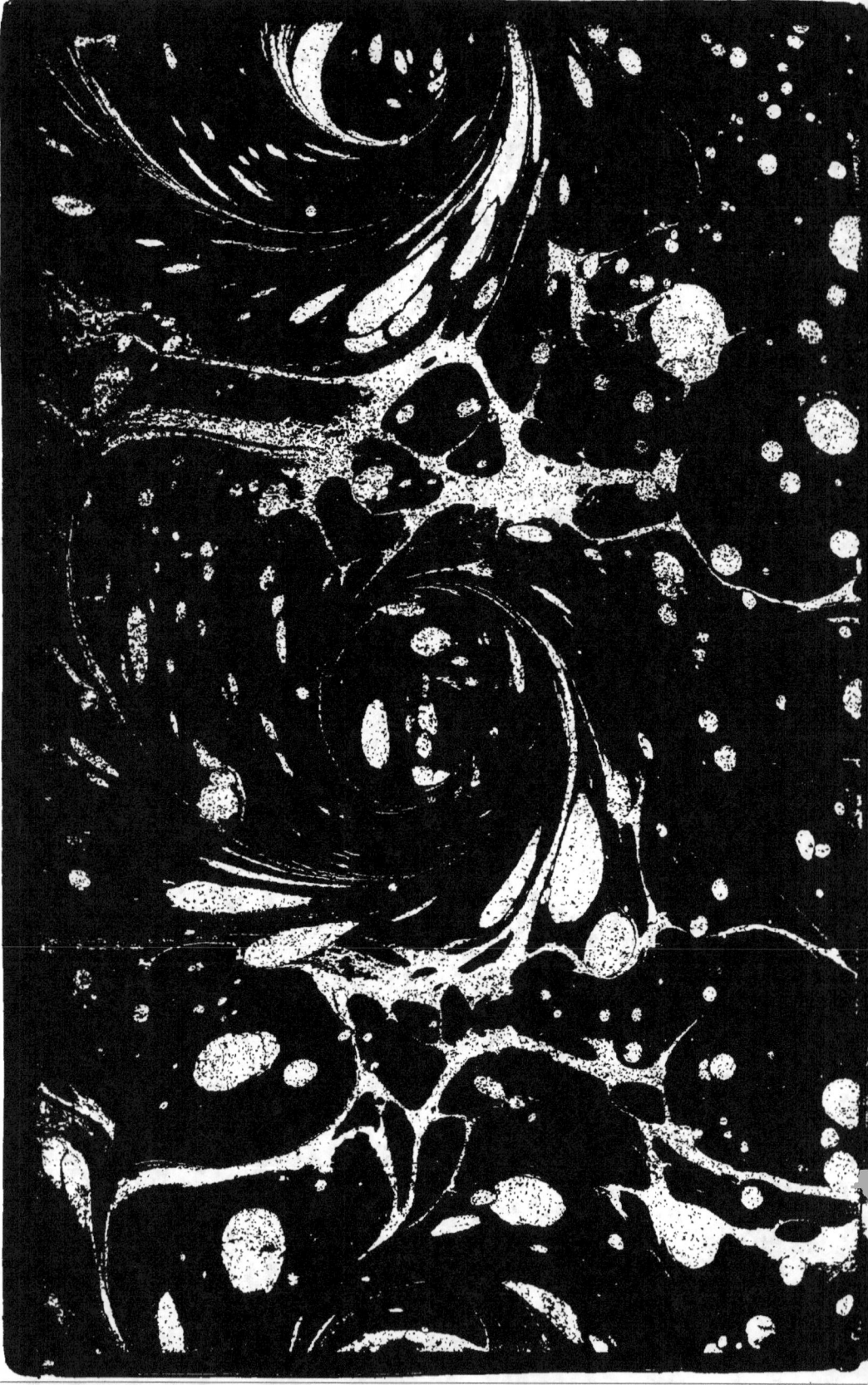

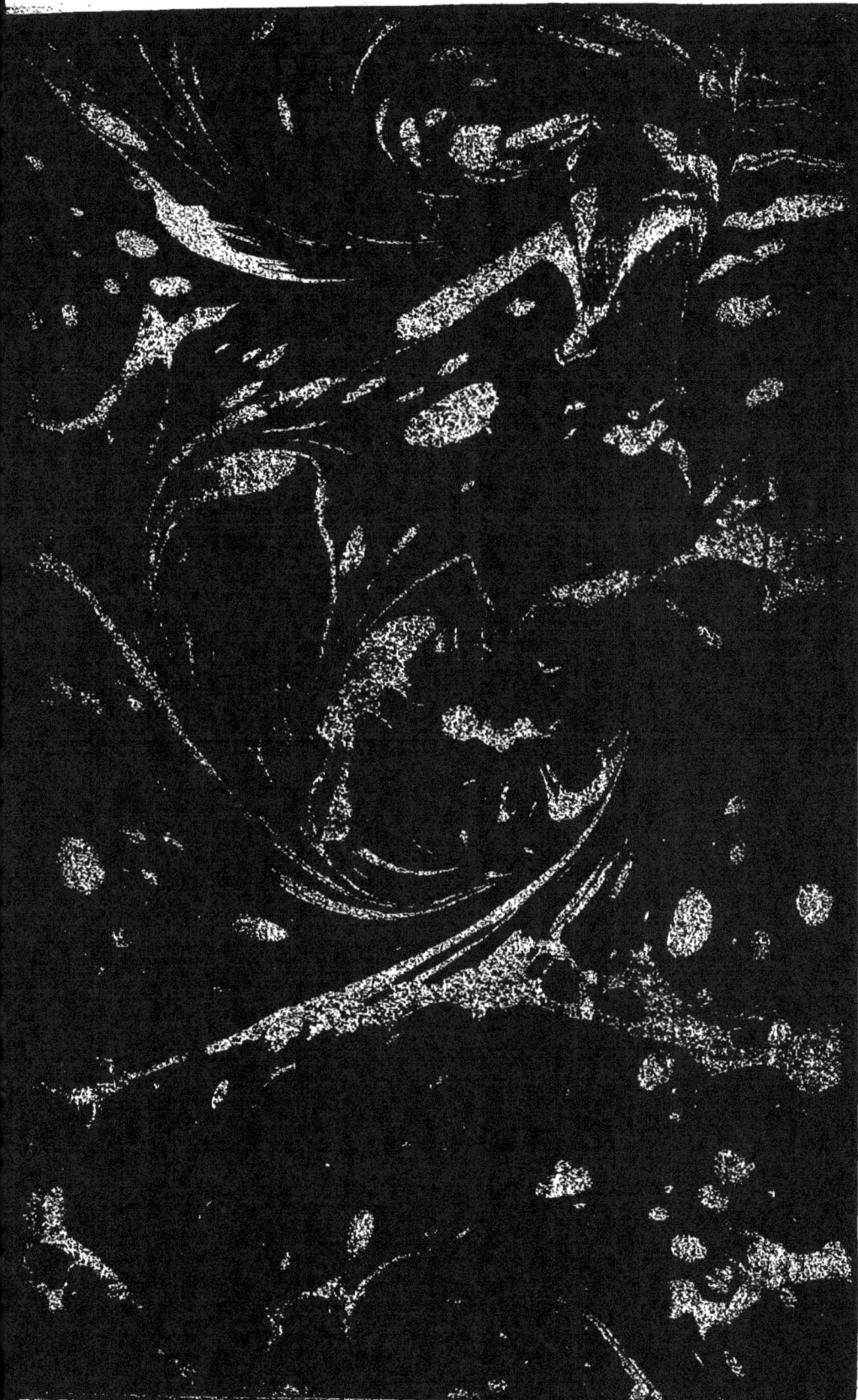

18046.
H.

Cat. de Myon. e N.º 6880.

DE L'ORIGINE
ET DES PRODUCTIONS
DE
L'IMPRIMERIE
PRIMITIVE
EN TAILLE DE BOIS;
AVEC
Une réfutation des préjugés plus ou moins accrédités sur cet Art;

Pour servir de suite à la Dissertation sur l'origine de l'Art de graver en bois.

PAR
M. FOURNIER LE JEUNE,
Graveur & Fondeur de Caractères
D'IMPRIMERIE.

A PARIS,
De l'Imprimerie de J. BARBOU.

M. DCC. LIX.

DE L'ORIGINE
ET DES PRODUCTIONS
DE L'IMPRIMERIE
PRIMITIVE
EN TAILLE DE BOIS;

AVEC

Une réfutation des préjugés plus ou moins accrédités fur cet Art;

Pour fervir de fuite à la Differtation fur l'Origine de l'Art de graver en bois.

DANS quel temps, dans quelle ville, & par qui l'Art d'imprimer des Livres a-t-il pris naiffance ? quelles en ont été les premières productions ? Ce font là des queftions qui ont partagé les

A ij

Auteurs qui les ont traitées, lefquels, à proportion de leurs lumières ou de leurs préjugés, ont éclairci ou embrouillé l'Hiftoire de l'Imprimerie. Les contradictions fans nombre qui en ont réfulté, rendent cette partie hiftorique fi imparfaite, qu'on a bien de la peine à diftinguer le vrai d'avec le faux.

La manière dont j'ai envifagé les commencemens de l'Imprimerie, en recourant à l'origine de l'Art qui lui a donné naiffance, je veux dire la Gravure en bois, qui a fait le fujet de ma première Differtation, m'a fourni les moyens de rapprocher les fentimens de différens Auteurs, qui paroiffoient oppofés fur l'origine de cet Art, par rapport aux villes de Harlem, de Strasbourg & de Mayence.

En faifant voir la part que ces villes ont aux premières opérations de l'Imprimerie, j'écarterai ces contes ridicules qui la font venir de Saturne, d'Adam, de Cicéron, de l'idée d'un preffoir à vin, d'un cachet, &c. Je ferai difparoître le merveilleux de ces fecrets ou découvertes interceptés par de prétendus domestiques, qui tout à coup seroient devenus plus intelligens que leurs maîtres, à qui ils auroient enlevé tout à la fois & en peu de temps, les presses & ustensiles de l'Imprimerie, avec l'esprit & l'industrie qui les avoient fait naître ; toutes fables qui n'ont de réalité que dans l'imagination de quelques Auteurs prévenus ou peu instruits. Nous verrons, au contraire, cette première manière d'imprimer prendre naissance tout naturellement, & sans grands efforts de génie de la part des premiers Entrepreneurs.

Pour traiter avec ordre une matière si rebattue, je diviserai cette Dissertation en trois parties : la première servira pour discuter & détruire les préjugés plus ou moins accrédités sur l'Imprimerie en général ; la seconde traitera du droit que différentes villes ont, ou prétendent avoir, à l'invention de cet Art, & la troisième sera employée à l'examen de ses premières productions en taille de bois.

PREMIERE PARTIE.

Réfutation de quelques erreurs ou préjugés par rapport à l'Imprimerie.

LES erreurs sur l'origine de l'Imprimerie ont des causes toutes naturelles. Les premiers qui ont écrit sur cet Art, l'ont fait sommairement, long-temps après son origine, d'une manière vague, par occasion, & seulement pour en donner une idée. De ce nombre sont le Chroniqueur anonyme de Cologne & l'Abbé Trithème.

Plus de cent ans après les premiers exercices de cet Art, quelques Auteurs se sont prévenus en faveur de certaines villes auxquelles ils ont voulu attribuer l'honneur de cette invention. Au défaut de preuves, ils ont souvent donné la torture au bon sens pour faire cadrer les faits avec leurs préjugés. Chaque centième année depuis l'origine de l'Imprimerie a été l'époque de nouveaux écrits pour célébrer ce qu'on a appelé le *Jubilé Typographique*. Il faut remarquer que tous les Savans qui ont traité de l'Imprimerie, loin d'être Artistes, n'étoient pas même initiés aux diverses opérations de cet Art ; par conséquent ceux d'entre eux qui ont eu l'intention la plus droite de chercher la vérité, n'ont pû éviter des erreurs considérables par rapport à l'Art même, erreurs qui retomboient nécessairement sur la partie historique.

Ce que j'ai à dire touchant certains traits de l'Histoire de l'Imprimerie, non seulement dans cette Dissertation, mais encore dans un autre ouvrage sur l'origine & les progrès du véritable Art Typographique en taille de Poinçons auquel je travaille, étant tout à fait différent de ce que ces Auteurs en ont écrit, il est nécessaire que je fasse voir en quoi ils se sont trompés, tant afin qu'on ne puisse pas m'opposer leurs témoignages, que pour dégager cette partie historique des nuages qui l'environnent, ce qui est le principal objet que je me suis proposé. Je vais donc relever le plus fommairement qu'il me fera poffible ce que j'ai trouvé de faux ou de peu exact dans leurs écrits, & m'autorifer des faits vrais qui ont été annoncés par quelques-uns contre ceux qui les ont contredits, en confervant pour eux tout le refpect que l'étendue de leurs lumières & la profondeur de leur favoir m'infpirent, & en même temps toute la reconnoiffance que je dois à l'utilité que j'ai retirée de leurs Ouvrages. J'examinerai le tout avec le foin & l'exactitude d'un Artifte qui n'a d'autre but que la vérité, & que plus de vingt années d'un travail affidu dans la pratique de l'Imprimerie & de recherches par rapport à l'Hiftoire de cet Art, précédées d'une étude fuivie, tant de la pratique que de l'Hiftoire de la Gravure en bois, ont dû au moins mettre en état de combattre les préjugés. Quoi qu'il en foit, j'efpère que mon travail ne fera pas inutile à ceux qui, plus inftruits que moi, viendront par la fuite éclaircir mes doutes & relever les fautes qui pourront m'échapper. Peut-être qu'à force d'arracher les épines sous lesquelles l'ignorance ou les préjugés ont enseveli la vérité de cette Histoire, nous pourrons enfin parvenir à la faire paroître dans tout son jour.

Une chronique anonyme de Cologne écrite en langage vulgaire Flamand, & imprimée à Cologne même chez J. Koelhoff en 1499, a été une première source d'erreurs pour ceux qui l'ont suivie à la lettre. Son Auteur, mal instruit, rapporte sur la foi d'autrui un passage concernant l'Imprimerie, où il dit en substance ce qui suit : *L'Art Typographique a été d'abord inventé à Mayence aux environs de 1440; & depuis cette année jusqu'en 1450, qui étoit l'année du Jubilé, on a perfectionné cette invention & on a imprimé des livres. Le premier fut une Bible latine en gros caractères, comme ceux avec lesquels on imprime aujourd'hui (1499) les Missels. Mais quoique cet Art ait été inventé à Mayence tel qu'il s'exerce actuellement, cependant la première idée a été tirée des Donat de Hollande, qui avoient été imprimés avant ce temps. Voilà le commencement de cet Art ; mais l'invention pos-*

térieure, quant à l'adresse & à l'art, est infiniment supérieure à la première..... Le premier Inventeur est un citoyen de Mayence originaire de Strasbourg, nommé Jean Guttemberg. Cet Art a passé de Mayence d'abord à Cologne, ensuite à Strasbourg & à Venise. J'ai appris, ajoute le Chroniqueur, ce qui concerne les commencemens de cet Art, d'Ulric Zel de Hanovre, qui exerce encore l'Imprimerie à Cologne en cette année 1499, & c'est lui qui l'y a apportée.

Cette Chronique est regardée par Prosper Marchand *, comme une compilation indigeste de mauvais lambeaux tout cousus de fables ridicules. J. Mollerus, dans son *Isagoge ad Historiam Chersonesi Cimbricæ*, en nomme l'Auteur le plus inepte de tous les Conteurs de Fables. David Kohler, Professeur en Histoire dans l'Université de Gottingue, a composé un Traité sur Guttemberg imprimé à Leipsik en 1741, dans lequel il marque que ce Chroniqueur a fait cinq fautes dans ce récit concernant l'Imprimerie; la première, en disant qu'Ulric Zel,

* Hist. de l'Imp. p. 11.

de qui il tenoit ces anecdotes, avoit été le premier Imprimeur de Cologne. On ne trouve pas de livres imprimés chez lui avant 1494; le plus ancien est *Gerardi Harderwincensis Comm. in Logic. Aristot.* qui est de cette année, au lieu que Pierre de Olpe avoit déjà imprimé dans cette ville un livre avec une souscription qui porte son nom & l'année 1470, le 22e jour de la Lune de Juin. La deuxième faute est dans ce qu'il dit, que la Bible est le premier livre imprimé; la troisième, en ce qu'il fait naître Guttemberg à Strasbourg; la quatrième, en ce qu'il fait passer l'exercice de l'Imprimerie d'abord de Mayence à Cologne; & la cinquième, en ce qu'il avance que le *Donat* de Hollande avoit servi de modèle aux impressions de Mayence. M. David Clement dit *, en parlant de cette Chronique : *Comme ces anciens Chroniqueurs étoient autant de Rapsodistes crédules, qui aimoient le merveilleux, on ne les doit suivre qu'avec beaucoup de précaution.* C'est ce que n'ont pas fait Ju-

---

* Biblioth. curieuse, historique, &c. T. VII. p. 224.

nius, Boxhorn, ni les autres Auteurs qui ont voulu attribuer l'invention de l'Imprimerie à la ville de Harlem ; ils ont puifé fans difcrétion dans cette fource fi décriée. Il y auroit cependant de l'injuftice à conclure d'après le témoignage des Auteurs que je viens de citer, que ce Chroniqueur fe foit trompé en tout. Il eft certaines vérités de fait qui fubfiftoient de fon temps, & dont par conféquent il a pu juger par fes propres yeux; comme la Bible fans date, qui ne devoit pas être rare pour lors, & de laquelle il paroît qu'il parle avec connoiffance de caufe, puifqu'il défigne jufqu'à la groffeur du Caractère, qu'il compare à celui dont on fe fervoit pour imprimer les Miffels de fon temps. Ce Caractère de la Bible revient en effet pour la groffeur à notre *Petit Parangon*, qui eft celui dont on s'eft prefque toujours fervi & dont on fe fert encore pour l'impreffion des Miffels. D'ailleurs, quand il dit qu'entre 1440 & 1450 l'Imprimerie prit naiffance, fe perfectionna, & que vers ce temps du Jubilé le premier livre imprimé fut une Bible latine, il n'avance rien qui ne soit vrai en général. Vers 1445, Guttemberg quitta Strasbourg pour aller établir son Imprimerie à Mayence, comme on l'a vû dans ma première Dissertation; il fit plusieurs impressions en planches fixes jusque vers le Jubilé de 1450, temps où cet Art commença de se développer par la mobilité des Caractères de bois, dont cette Bible en effet fut le premier fruit. Ainsi le Chroniqueur a pu regarder ce livre comme la première production de l'Art Typographique. Les essais qu'il annonce entre 1440 & 1450 étoient plustôt la suite de l'impression des images en taille de bois, qu'un nouvel Art. Par conséquent la seconde faute relevée par M. Kohler ne mérite pas ce nom à si juste titre que les autres, qu'il a fort bien détaillées.

Nous sommes redevables à Jean Trithème, abbé de Spanheim dans le diocèse de Mayence, de diverses anecdotes sur l'origine de l'Imprimerie, qu'il a insérées dans plusieurs de ses Ouvrages, mais malheureusement d'une manière trop vague & fans deffein particulier d'inftruire. Il avance en gros, des faits qui ont befoin d'être détaillés, & il rapporte de mémoire, à la fin de fes jours, ce qu'il a appris dans fa jeuneffe de Pierre Schoiffer lui-même. Le long intervalle des temps & le peu de connoiffance qu'il avoit de l'Art même dont il parloit, n'ont pu manquer d'occafionner bien de la confufion dans fes idées, qui par conféquent n'étoient propres qu'à égarer ceux qui les ont prifes à la lettre. Je m'arrêterai feulement à examiner celle de ces anecdotes qui eft la plus étendue & la plus inftructive, les autres n'étant que des répétitions. Elle fe trouve dans l'Ouvrage qui a pour titre, *Annales Hirfaugienfes*. Ces Annales s'étendent jufqu'en 1513, c'eft-à-dire que Trithème écrivoit plus de foixante ans après l'événement dont il parloit. Il dit dans cet Ouvrage, qu'il y a plus de trente ans qu'il a ouï raconter à Pierre Schoiffer les faits qu'il rapporte, ce qui prouve que celui-ci lui avoit fait ce récit fur fes vieux jours. Voici fes termes, par lesquels il est aisé de voir qu'il parle d'une manière générale : *En ce tems-là* (1450) *a été inventé & imaginé à Mayence ville d'Allemagne près du Rhin, & non en Italie comme quelques-uns l'ont faussement écrit, l'Art admirable & ci-devant inconnu d'imprimer les Livres avec des Caractères, par Jean Guttemberg citoyen de ladite ville, lequel ayant dépensé presque tout son bien pour l'invention de cet Art, & étant sur le point de renoncer à son entreprise à cause des grandes difficultés qu'il rencontroit, vint cependant à bout de l'exécuter, à l'aide des conseils & de l'argent que lui donna Jean Fust citoyen de la même ville. Ils commencèrent donc par imprimer un Vocabulaire intitulé* Catholicon, *avec des Caractères gravés de suite sur des planches de bois ; mais ils ne purent imprimer autre chose avec ces planches, attendu que les Caractères n'étoient pas mobiles, mais gravés sur la planche même*, comme je l'ai dit. *Ensuite cette invention se perfectionna, & ils trouvèrent la manière de fondre les formes de toutes les lettres de l'Alphabet latin, qu'ils ap-*

pelloient Matrices, *dont ils se servoient après cela pour fondre des Caractères de cuivre ou d'étain, avec lesquels ils pouvoient imprimer tout ce qu'ils vouloient, au lieu qu'auparavant ils les tailloient à la main. Et en effet, l'Art de l'Imprimerie éprouva dans le commencement de son invention de grandes difficultés, comme je l'ai ouï dire il y a plus de trente ans à Pierre* OPILIO (Schoiffer) *de Gernsheim, citoyen de Mayence, gendre du premier Inventeur de cet Art. Car ayant entrepris l'impression d'une Bible, ils depensèrent plus de quatre mille florins avant d'avoir fini la quatrième feuille. Or ledit Pierre Opilio d'abord ouvrier, ensuite gendre, comme je l'ai dit, du premier Inventeur de l'Art de l'Imprimerie, homme ingénieux & adroit, imagina un moyen plus facile de fondre les Caractères, & perfectionna l'Art au point où nous le voyons aujourd'hui. Ces Inventeurs tinrent leur découverte cachée pendant quelque temps, jusqu'à ce que leurs ouvriers la répandirent, d'abord à Strasbourg, ensuite chez les autres nations....*
Ces trois Inventeurs, Jean Guttemberg, Jean

Jean Fuſt & Pierre Schoiffer demeuroient enſemble à Mayence dans une maiſon dite Zumjungen, qu'on a appellée depuis juſqu'à ce jour L'IMPRIMERIE.

J'ajoûterai ici la ſouſcription qui eſt à la fin d'un autre Ouvrage de Trithème intitulé, *Breviarium Hiſtor. de origine regum & gentis Francorum*, imprimé du vivant de l'Auteur à Mayence même ; elle porte : *Cette préſente Chronique a été achevée d'imprimer en 1515, la veille de Sainte Marguerite, dans la célèbre ville de Mayence premier berceau de l'Imprimerie, par Jean Schoiffer petit fils de Jean Fuſt citoyen de ladite ville, qui a été le premier inventeur de l'Art ſusdit ; lequel Jean Fuſt commença à imaginer & inventer par ſon génie l'Art de l'Imprimerie en 1450, enſuite il le perfectionna & parvint au point d'imprimer en 1452, aidé cependant du travail & des inventions de Pierre Schoiffer de Gernsheim ſon ouvrier & ſon fils adoptif, à qui il donna ſa fille Chriſtine Fuſt en mariage comme une juſte récompenſe de ſes découvertes. Ces deux hommes, Jean Fuſt & Pierre Schoiffer, tinrent cet Art caché,*

B

faisant jurer à leurs ouvriers & domestiques de garder le secret, & les obligeant par serment à ne le divulguer en quelque manière que ce fût. Mais enfin en 1462, il fut répandu par toute la terre par ces mêmes ouvriers, & cet Art fit par-là de nouveaux progrès.

On voit dans les passages que je viens de rapporter, des choses contradictoires. Trithème y raconte sommairement des faits dont il ne veut donner qu'une idée générale sans entrer dans aucun détail, comme je l'ai dit ; c'est pourquoi il rapporte à un même temps des opérations éloignées les unes des autres, & il présente sous un même point de vûe, des artistes ou inventeurs qui ont des prétentions toutes différentes. Il dit d'abord que c'est Guttemberg qui le premier a inventé & imaginé l'art d'imprimer des livres avec des Caractères, puis plus bas il donne cet honneur à Faust. En parlant de Schoiffer, il le dit gendre du premier Inventeur de l'Art ; ce qui devroit, selon lui, se rapporter à Guttemberg qu'il a décoré le premier de ce titre, & cependant cela ne peut regarder que Fauſt. Il reconnoît enfin tout à la fois pour inventeurs de l'Art, Guttemberg, Fauſt & Schoiffer. Ce n'eſt pas vraiſemblablement qu'il ait ignoré la part différente que chacun avoit à la gloire de cette invention, puiſqu'il admet d'abord Schoiffer comme ouvrier dans la première ſociété, mais c'eſt que ſon deſſein n'étoit que de parler en général. Il agit de même en parlant des progrès des Caractères : *Après l'impreſſion du Catholicòn ils trouvèrent, dit-il, la manière de fondre les formes de toutes les lettres de l'alphabet latin, qu'ils appelloient* MATRICES, *dont ils ſe ſervirent après cela pour fondre des Caractères de cuivre ou d'étain.* La mémoire de l'Auteur eſt certainement ici en défaut, les Caractères de fonte ne vinrent point immédiatement après le Catholicon, puiſque cette même Bible dont il parle, faite par Guttemberg & Fauſt, eſt en Caractères mobiles de bois, qui furent le fruit du premier progrès des Caractères après les planches fixes du Catholicon. Quelques années après, la nouvelle société de Fauſt & de Schoiffer fit encore uſage des Caractères mobiles de bois de deux groſſeurs différentes de celle des premiers, avec leſquels ils imprimèrent en 1457 le Pſeautier, dont ils publièrent une nouvelle édition faite avec les mêmes Caractères de bois, le 29 Août 1459. Ce ne fut que deux mois après celle-ci, que parut enfin pour la première fois un livre en Caractères de fonte, intitulé *Durandi Rationale divinorum Officiorum*, comme nous le verrons plus bas. Ce que dit Trithème de la *manière de fondre les formes des lettres appellées Matrices*, fait voir que les idées qu'il avoit là-deſſus n'étoient rien moins qu'exactes. Il avoit vû anciennement chez Schoiffer des poinçons d'acier, des matrices de cuivre, & des lettres fondues en étain: ſa mémoire ne lui fourniſſant point une idée nette de toutes ces parties, & ſon peu d'expérience dans l'art ne lui permettant pas d'en faire la diſtinction, il n'eſt pas étonnant qu'il les ait confondues. Jamais on n'a fondu de matrices; on les a toûjours frappées avec un poinçon d'acier. Ces matrices, qui étoient & qui font encore de cuivre, ne fervoient pas à fondre des lettres de cuivre, mais d'étain, enfuite d'un métal compofé, moins dur que le cuivre. Il eft aifé de voir qu'il a pris une partie pour le tout. Rien n'eft plus capable de démontrer la vérité de ce que j'ai avancé, que Trithème n'a parlé de l'origine de l'Imprimerie que d'une manière vague, & fans avoir des notions claires & précifes fur cette matière. Les 4000 florins que cet Auteur dit avoir été employés avant la fin de la quatrième feuille de cette Bible, font une fomme déterminée au lieu d'une indéterminée ; il la met ici pour faire fentir par-là les grandes difficultés de cette entreprife. Le nouveau méchanifme des Caractères mobiles de bois, ainfi que les provifions de vélin, de papier & des autres chofes néceffaires, que l'on faifoit dans ce temps-là, comme aujourd'hui, avant de commencer une édition importante, ont dû entraîner de grands frais, non feulement avant la quatrième feuille, mais dès la première. Schoiffer a pu dire à Trithème qu'ils montoient à une somme considérable, que celui-ci aura évaluée à peu près dans son imagination, ou bien il faut convenir que l'éloignement des temps l'aura extrêmement grossie dans sa mémoire ; car l'acte authentique de la procédure qui fut faite entre Guttemberg & Fauft au sujet de cette même Bible, ne fait monter les frais pour toute l'édition entière, qu'à 2020 florins, en y comprenant même les intérêts, ainsi qu'on le verra bientôt. Ce sont ces défauts d'exactitude qui ont répandu des ténèbres si épaisses dans l'esprit des Auteurs qui ont pris ces récits à la lettre. En voici encore quelques exemples. Trithème s'est avisé de traduire le nom de Schoiffer, qui en Allemand veut dire *Berger*, par le mot latin *Opilio*, qui signifie la même chose : il n'en a pas fallu davantage pour produire une nouvelle source d'erreur, & pour donner lieu de comprendre sous ces deux noms, deux hommes tout-à-fait différens. Ce qu'il dit, que Guttemberg & Fauft trouvèrent la manière de fondre *les lettres de l'alphabet latin*, renferme deux erreurs de fait. Guttemberg, bien loin d'avoir inventé les Caractères de fonte, n'en a jamais fait usage ; & ni lui, ni Faust, ni Schoiffer n'ont jamais employé de *lettres latines* ; leurs Caractères ont toûjours représenté l'écriture du temps, que nous appellons gothique ou demi-gothique ; les premiers ont été employés à l'impression du Pseautier, en 1457, 1459 & 1490, & les seconds ont servi à toutes leurs autres éditions. Leurs grandes majuscules, ou lettres initiales, étoient des capitales de vieux gothique appellées par la suite *Lettres Tourneures*. Aucun de ces Caractères ne représentoit les *lettres latines*, qui, comme on sait, sont les capitales de notre Caractère romain. C'est à Nicolas Jenson qu'appartient l'honneur de les avoir le premier mises en usage.

Après avoir exposé combien le témoignage de Trithème doit être suspect à l'égard des détails, il est juste de faire voir les avantages que nous en pouvons tirer par rapport aux faits principaux. On doit conclure en général de fon récit, que c'eſt à Guttemberg que nous ſommes redevables de la première idée de faire un livre par le moyen de la Gravure en bois ; qu'il s'aſſocia avec Fauſt, & celui-ci enſuite avec Schoiffer qui devint ſon gendre ; que le premier livre conſidérable qu'ils imprimèrent dans la première ſociété, fut un Catholicon en planches fixes de bois. Quoique cette édition ne ſubſiſte vraiſemblablement plus nulle part, puiſqu'aucun Bibliographe ne la citée comme l'ayant vûe, on ne peut en nier l'exiſtence, après le témoignage d'un contemporain qui dit avoir appris le fait de Schoiffer même, & qui vraiſemblablement avoit vû ce Catholicon. Ce récit nous apprend auſſi que les premiers progrès des Caractères ſe firent entre 1450 & 1452. La Bible connue ſous le titre de *Bible ſans date* en fut le fruit. Il nous apprend encore que ces premiers Imprimeurs cachoient ſoigneuſement leurs opérations pour ne point être imités, & qu'enfin c'eſt dans la ville de Mayence & dans une maifon nommée *Zumjungen*, qu'ont été fabriquées ces premières productions Typographiques ; ce qui a fait conferver à cette maifon le nom de l'IMPRIMERIE, quoiqu'elle ait été employée depuis à un autre ufage.

La ville de Mayence avoit joui paifiblement, pendant plus de cent ans, de l'honneur d'avoir donné naiffance à l'Imprimerie, lorfque quelques perfonnes formèrent férieufement le deffein de lui enlever cet avantage pour en décorer d'autres villes. Le zèle patriotique fit éclorre ces projets, & le préjugé les foûtint.

Adrien Junius, Médecin & Hiftorien, natif de Horn en Hollande, eft le premier qui ait pris les intérêts de la ville de Harlem & de Laurent Cofter, pour attribuer la gloire de cette invention à fa Patrie [*]. Il fonde fes preuves fur des difcours de vieillards qui, dit-il, lui ont fouvent raconté le fait ; & fur la foi de tels garants, il affure que Fauft étant domeftique de Cofter à Harlem, lui enleva pendant

[*] Hift. Batav. c. 17.

le temps d'une Meſſe de minuit tous les inſtrumens & caractères de ſon Imprimerie, avec leſquels il s'enfuit à Amſterdam, puis à Cologne, & enfin à Mayence. On concluroit du diſcours de Junius, que Fauſt auroit enlevé ſubitement toute l'Imprimerie de ſon maître, avec la même facilité que s'il lui eût eſcamoté ſa bourſe. Au reſte, Coſter ne s'en met nullement en peine; on ne lui fait faire ni actes, ni réclamations, ni démarches qui tendent à recouvrer ce vol, ſi aiſé cependant à revendiquer ſur les premiers fruits qui en ſeroient ſortis & qui auroient paru en public. On ne juge pas même aſſez favorablement de ce prétendu Inventeur, pour lui faire réparer ſa perte par de nouveaux fruits de ſon induſtrie. Il ſemble que Fauſt, en lui enlevant ſes caractères, lui ait enlevé en même-temps ſon génie, ſes reſſources & ſes talens. Cependant Junius accorde à Coſter, non ſeulement l'invention des caractères de bois, mais auſſi celle des caractères de fonte; car il dit que le *Speculum noſtræ ſalutis*, que l'on conserve à Harlem comme un monument de l'invention de l'Imprimerie dans cette ville, est imprimé en *Caractères de plomb*. Ce qui prouve encore mieux son peu d'attention & sa crédulité ; car si le prétendu vol fait à Coster étoit aussi vrai qu'il le dit, il faudroit supposer qu'on lui auroit enlevé pour le moins deux ou trois milliers pesant, tant en caractères qu'en ustensiles. Or est-il vraisemblable qu'un poids si énorme ait pû être furtivement dérobé en peu de temps par un homme seul, qu'il fait voyager & rester dans différentes villes où il eût pu être arrêté ? Mais cet Auteur n'y prend pas garde de si près ; car écrivant en 1575, il dit qu'il y a cent vingt-huit ans que Laurent Jean ou Coster inventa l'Imprimerie, ce qui remonte à l'année 1447 ; & il ajoute à la fin de son discours, que Faust qui l'avoit volé imprima à Mayence le livre intitulé, *Alexandri Galli Doctrinale*, en 1442, c'est-à-dire cinq ans avant que son prétendu maître eût fait usage de ses presses. Il est bon de remarquer que Faust n'exerça l'Imprimerie qu'après que Guttemberg l'eût aſſocié à ſon entrepriſe, & que ni l'un ni l'autre n'ont jamais imprimé ce livre cité. De plus le *Speculum*, que Junius dit être en caractères de fonte, eſt au contraire en caractères de bois, comme en convient Pierre Bertius *, autre Auteur Hollandois, qui adopte & répète le récit de Junius, à l'exception ſeulement qu'il dit que ce livre eſt fait *avec de certaines planches dont toutes les pages étoient taillées à la façon des Images en taille de bois*, d'où il conclud qu'un deſſein ſi rude & ſi groſſier a été le vrai commencement de l'Imprimerie. Ce qui fait voir que Bertius n'étoit pas connoiſſeur en cette partie, car les Eſtampes de ce *Speculum* ſont auſſi bien deſſinées au trait qu'on le pouvoit faire dans le 15e ſiècle; ces planches ſont hardiment gravées pour le temps, & infiniment ſupérieures à celles de l'Hiſtoire de l'ancien & du nouveau Teſtament, & de l'Hiſtoire de S. Jean, qui ſont des Images groſſièrement gravées, attribuées également à la ville de Harlem & à ce Coſter.

* Bertius, Lib. III. Comm. Rer. German.

Il n'y a point d'idées, si absurdes qu'elles soient, qui ne trouvent des défenseurs, lorsque l'intérêt particulier s'en mêle & que le préjugé prévaut. Celles-ci ont été encore soûtenues par Pierre Scriverius, écrivain Hollandois, qui a composé en langue vulgaire un traité fait exprès pour les faire valoir; par Marc Boxhorn, Professeur d'éloquence & d'histoire à Leyde; par François Raphelenge, Professeur en langues orientales dans la même ville, & par d'autres Auteurs de cette nation. Ils se sont tous appuyés du récit de Junius & de la Chronique de Cologne, cités ci-dessus. Quoiqu'ils aient puisé dans les mêmes sources, ils n'en sont pas pour cela plus d'accord sur les principaux faits. Les uns nomment ce prétendu inventeur, Laurent Jean surnommé *Ædituus*, *Custosve*, les autres Laurent Jenson, d'autres enfin Laurent Coster. Ce qui a fait dire à Naudé: *Si la diversité des opinions dénote la fausseté de quelque doctrine, celle-ci ne peut aucunement être vraie.*

Mentel, Gentilhomme de Château-

Thierry & Médecin de la Faculté de Paris, a fait, pour attribuer l'invention de l'Imprimerie à Jean Mentel, bourgeois de Strasbourg, les mêmes efforts que Junius avoit faits en faveur de Coster & de Harlem ; tous deux mal fondés en preuves, ils y ont suppléé par leur imagination. La ville de Strasbourg, avec des droits acquis à l'origine de l'Imprimerie, a été mal servie par ce Docteur, qui n'étant point au fait des anecdotes favorables à son projet, s'est égaré en livrant son imagination à des faits visiblement faux.

Il composa deux Dissertations latines à ce sujet, la première en 1644, qu'il présenta à Naudé, la seconde en 1650, qu'il adressa à Mallinckrot. Il y dit en substance, que » l'invention de l'Art ad-
» mirable de l'Imprimerie appartient à
» son parent Jean Mentel, bourgeois
» de Strasbourg, qui non seulement a
» inventé l'Imprimerie & les Caractères
» de fonte, mais aussi le métal servant
» auxdits Caractères, lequel est com-
» posé de plomb mêlé d'un tiers de
» cuivre, avec de l'antimoine & de l'é-

» tain ; qu'après ces découvertes il eut
» le malheur d'être trahi par son domes-
» tique Gensfleisch, qui sachant son se-
» cret, s'entendit avec un Orfèvre nom-
» mé Guttemberg qui avoit été employé
» par Mentel à la fabrique des ustensi-
» les de son Imprimerie, après quoi ils
» se retirèrent à Mayence leur patrie,
» pour y exercer cet Art. Voilà ce qui
» a fait dire que cette invention venoit
» de Mayence. Mais *ces deux hommes,*
» dit-il, *méritent plutôt de passer pour*
» *infâmes, pour ne rien dire de plus de*
» *ces deux fugitifs, que pour inventeurs.*
» La Justice divine, continue-t-il, s'est
» déclarée contre ces deux traîtres ; ils
» sont devenus si pauvres, qu'à peine
» leur restoit-il un écu, lorsque Faust
» vint à leur secours, qui ayant appris
» leur secret, les méprisa au point de
» ne vouloir point mettre leurs noms
» aux ouvrages qu'ils firent ensemble.
» Enfin Guttemberg périt de misère,
» & Gensfleisch devint aveugle, sui-
» vant ce passage d'une Chronique de
» Strasbourg qu'il cite. *Le Seigneur,*
» *qui ne laisse jamais la trahison impunie,*

» *le priva de la vûe, pour le punir de*
» *l'infidélité qu'il avoit faite à son maître.*

Fauft & Schoiffer ne font pas mieux traités ; le premier n'étoit, fuivant le Médecin Mentel, qu'un Facteur de Marchand, & le fecond étoit d'une condition encore plus baffe : *C'étoit, dit-il, un volage de peu de fens, gardant les moutons de Fauft, enfuite fon valet, puis il devint enfin fon gendre, après avoir appris l'Imprimerie fous Guttemberg & Gensfleisch qui étoient affociés.* Il regarde le Catholicon de 1460 comme le premier livre imprimé par Fauft & Schoiffer, auxquels il ajoûte Gensfleisch & Guttemberg ; ainfi les voilà, fuivant lui, quatre affociés.

Avoir rapporté ces faits, dont le ridicule eft fenfible, c'eft prefque les avoir réfutés ; mais comme je me fuis engagé à faire voir en quoi confifte l'erreur, je dirai que ces prétendus inventeurs figurent mal dans ces hiftoires, où on les voit devenir tout-à-coup ftupides & impuiffans, dès qu'on leur fait enlever ou partager leurs fecrets. Qui empêchoit cet inventeur Mentel

de

de continuer son Art en l'absence de son domestique, & de faire paroître des éditions portant son nom, avant celles que de pauvres gens, sans argent & sans secours, étoient, dit-on, allés faire à Mayence ? On le laisse dans l'inaction à Strasbourg comme Coster à Harlem, pendant que la ville de Mayence répand dans toute l'Europe les productions de son Imprimerie. La première édition que l'on donne à Mentel, est une Bible germanique, imprimée en 1466, c'est-à-dire plus de 20 ans après l'exercice de l'Imprimerie par Guttemberg & Faust : de plus, les éditions de Mentel ne portent aucune marque qui prouve qu'il ait revendiqué la gloire de cette invention, d'où il est naturel de conclure qu'il n'y prétendoit en aucune manière. D'ailleurs, les premières impressions de Mayence se firent sur des planches de bois fixes, ensuite avec des Caractères mobiles de bois, comme on le verra plus bas, & ce ne fut qu'en 1459 que parut le premier livre imprimé en Caractères de fonte, dont le secret n'a pu être volé quinze ans auparavant par ce Gensfleisch, qui vraisemblablement en auroit fait usage aussi-tôt. Ce qui ajoûte encore au ridicule des allégations du docteur Mentel, c'est que ce Gensfleisch étoit aussi nommé Guttemberg, ces deux noms n'indiquant qu'une seule & même personne : *Johannes dictus Gensfleisch, aliàs nuncupatus Gutenberg de Moguntiâ*, dit le *Livre Salique* de la Collégiale de Saint Thomas de Strasbourg *. Ce fait étoit connu du temps même de cet Auteur, ce qui ne l'a pas empêché de diviser ce Gensfleisch en deux, & de le faire tout à la fois aveugle & clairvoyant, Orfèvre & domestique, & enfin mort de misère, tandis qu'il a fini ses jours honorablement auprès d'Adolphe de Nassau, Electeur de Mayence, au service duquel il est mort en 1468. La condition basse de valet qu'il donne à Schoiffer, est prise d'après une autre équivoque. Nous avons vû Trithème traduire ce nom, qui veut dire *Berger* en Allemand, par le mot latin *Opilio*, qui a la même signification;

* N°. B. fol. 293 & 302.

Mentel a pris ce mot à la lettre, & a fait de l'Auteur du véritable Art Typographique un Berger gardant les moutons.

Quant à la fabrique du métal qu'il attribue à son parent, il tombe encore dans une erreur grossière ; les premiers Caractères de fonte n'étoient que de plomb & d'étain, la composition dont il parle n'a été trouvée que long-temps après. Enfin le Catholicon de 1460 a été précédé par le Pseautier de 1457, par celui de 1459, & par le livre qui a pour titre, *Durandi Rationale divinorum Officiorum*, qui tous portent les noms de Fauft & de Schoiffer, par conséquent on ne peut pas dire qu'il soit le premier ouvrage de ces Artistes.

Le Père Jacob, Carme, qui écrivoit dans le même temps que Mentel, avoit aussi les mêmes idées sur l'invention de l'Imprimerie à Strasbourg. Il y a tout lieu de croire qu'il les avoit empruntées de cet Auteur, qui étoit de sa connoissance. Selon le Père Jacob, Fauft & Schoiffer commencèrent par imprimer l'Ouvrage intitulé, *Durandus de Ritibus*

Ecclefiæ, l'an 1461, & la Bible in-fol. en deux vol. en 1462. On ne connoît aucune édition de Fauſt qui ait été faite en 1461, ni qui porte ce titre. Suivant toute apparence, il a voulu parler du *Rationale divinorum Officiorum* imprimé en 1459, ainſi que Chevillier la fort bien remarqué dans ſon hiſtoire de l'Imprimerie. Il n'étoit pas mieux inſtruit ſur les premières éditions, puiſqu'il donne cette Bible pour être le ſecond ouvrage de Fauſt.

Le ſavant Bernard Mallinckrot, Chanoine de Minden & Doyen du Chapitre de Munſter, a traité de l'origine & des progrès de l'Imprimerie d'une manière particulière, dans une Diſſertation latine imprimée en 1640. Cet ouvrage, rempli de recherches curieuſes & ſavantes, n'eſt pas exempt de fautes eſſentielles. Il s'eſt trop attaché au ſentiment de Salmuth, qui dans ſes notes ſur Pancirole, *De rebus deperditis*, parle de l'origine de l'Imprimerie; il y confond les états & les opérations de Guttemberg & de Fauſt, il attribue à l'un ce qui appartient viſiblement à l'autre. Il dit que Fauſt inventa l'Imprimerie, & qu'ayant dépenſé tout ſon bien à faire les différens eſſais occaſionnés par cette découverte, Guttemberg lui prêta de l'argent ; il cite pour preuve l'acte du procès qui ſurvint entre ces deux aſſociés, tandis que cet acte dit préciſément tout le contraire, & fait voir clairement que Guttemberg eſt l'entrepreneur, & Fauſt le bailleur de fonds. Mallinckrot a copié les autres erreurs commiſes par cet Auteur, & il a ſuivi ſon exemple en confondant à ſon tour les idées les mieux établies par rapport à ces deux aſſociés. *Il ſemble même*, dit Proſper Marchand, en parlant de Mallinckrot, *n'avoir compoſé ſa belle & curieuſe Diſſertation*, De ortu & progreſſu artis Typographicæ, *que pour donner la préférence à Fauſt, & lui accorder totalement l'honneur de l'invention*. Il fait voyager ſans preuves & ſans néceſſité Guttemberg à Strasbourg, après la rupture de ſa ſocieté avec Fauſt ; il en fait un domeſtique & un Orfèvre natif de cette ville. Nous avons déja vû & prouvé qu'il étoit de la ville de Mayence, mais domicilié à Strasbourg, où son industrie lui faisoit trouver les moyens de s'occuper honorablement à la recherche de différents secrets ; ce qui n'annonce ni l'état de domestique, ni celui d'Orfèvre, qui étoit la qualité de Faust, lequel n'eut d'autre part à l'invention de l'Imprimerie, que l'argent qu'il mit dans la société ; car il est hors de doute que c'est Guttemberg qui a imaginé le premier d'imprimer un livre, & que c'est Schoiffer qui a inventé les Caractères de fonte.

Mallinckrot * cite un trait qui fait peu d'honneur à sa pénétration, encore qu'il ait été adopté par Mettaire dans ses annales Typographiques ** ; savoir, que les ouvriers de cette première Imprimerie, pour cacher leur secret, emportoient & rapportoient les Caractères dans des sacs fermés. Il est bien étonnant que de savans hommes tels qu'étoient ces deux Auteurs, aient donné dans une pareille absurdité. Pourquoi

* De ortu & progressu Typogr. p. 22.
** Pag. 4.

ne pas enfermer pluftôt ces Caractères fous la clef ? Un expédient fi fimple n'étoit-il pas préférable à ce tranfport journalier ? D'ailleurs, comment auroit-on mis des Caractères mobiles dans un fac, fans les brouiller & les confondre ? & que devenoient les formes qu'on avoit compofées dans la journée, & qui auroient également découvert le fecret?

Dans ce fac ridicule où Scapin s'enveloppe,
Je ne reconnois plus l'Auteur du Mifantrope *.

Gabriel Naudé, Médecin, & Bibliothécaire des Cardinaux Bagni & Barberin à Rome, puis du Cardinal Mazarin à Paris, étoit regardé lui-même comme une Bibliothèque vivante. Il fe vantoit, fans doute à jufte titre, d'avoir examiné plus de quinze mille anciennes éditions, dans vingt cinq ou trente Bibliothèques ; cependant lorfqu'il compofa fon Addition à l'hiftoire de Louis XI, où il parle de l'origine de l'Imprimerie, il ne connoiffoit pas de livre plus ancien que

* Boileau, Art Poëtique, Chant III.

la Bible de 1462, ce qui l'a empêché de remonter à la vraie origine de cet Art. Mais en récompenſe la ſagacité qui lui étoit naturelle, & les lumières qu'il avoit acquiſes, le mirent en état de diſſiper une partie des nuages qui obſcurciſſoient l'hiſtoire de l'Imprimerie. Cet habile homme n'étoit pas fait pour ignorer long-temps qu'il y ait eu des livres avant 1462. Une note qu'il a écrite ſur un livre intitulé, *Liber Regule paſtoral' Gregorii Pape*, que j'ai vû à la Bibliothèque du Roi, prouve que depuis il avoit connu le *Rationale* de 1459, & le *Catholicon* de 1460, qu'il donne pour être poſtérieur à ce *Liber Regule*, qui, ſelon lui, eſt un des eſſais faits par Fauſt à Mayence. Son jugement eſt fondé ſur la groſſièreté des Caractères, & ſur la marque du papier, qui eſt une tête de bœuf. Il ajoûte: *Fuſt ayant meublé ſon Imprimerie des divers Caractères de ſes éditions, il ne fit plus de difficulté de donner ces derniers livres comme les fruits de ſon Imprimerie.* Plus les Auteurs ont de célébrité, plus leurs fautes ſont contagieuſes. Le livre qui a pour titre *Liber Regule paſtoral'*, eſt un *in-8.* fait avec des Caractères mobiles de bois, de la groſſeur qui répond à celle de notre *Gros romain*. La figure n'en eſt point groſſière, comme le dit Naudé ; elle eſt ſemblable à celle des éditions en Caractères mobiles de bois, que nous verrons ci-après, & qu'il ne connoiſſoit pas. Ceux-ci ſont tout-à-fait dans le même goût, c'eſt-à-dire que pluſieurs lettres tiennent enſemble ſur une même tige : on a varié la figure des mêmes lettres, il y a juſqu'à trois ſortes de [g]. De plus, on aperçoit à l'extrémité de quelques lettres, de petits traits tournés en forme d'ornemens, que je n'ai vûs que dans ce livre, qu'on ne doit point par conſéquent attribuer à Fauſt, puiſqu'il ne s'eſt ſervi de ce Caractère dans aucune de ſes éditions ; ce qui ne ſeroit pas arrivé s'il lui eût appartenu, d'autant plus qu'il eſt mobile. Ce format *in-8°.* n'a jamais été en uſage dans l'Imprimerie de Guttemberg & de Fauſt, il n'a été employé que dans les établiſſemens poſtérieurs à ceux de ces premiers Artiſtes. Ce livre eſt ſûrement l'ouvrage de quelqu'un de ces Graveurs en bois devenus inutiles auſſi-tôt après l'invention des Caractères de fonte.

La tête de bœuf qui ſe voit ſur le papier, n'eſt point une preuve concluante ; c'étoit la marque du Fabriquant, & non celle de l'Imprimeur. Elle ſe trouve ſur le papier de pluſieurs éditions de ce tems-là, faites en différens endroits de l'Allemagne. Ce n'eſt pas aux défauts de l'art qu'il faut attribuer le ſilence de Fauſt, mais au ſecret qui étoit néceſſaire à ſes intérêts. Naudé dit dans ſon addition à l'Hiſtoire de Louis XI, que Fauſt ayant été pourſuivi à Paris pour avoir ſurvendu à titre de manuſcrit ſa Bible de 1462, *il ſe ſauva à Mayence, & ne s'y trouvant pas en aſſez grande ſûreté, il paſſa à Strasbourg, où il demeura quelque temps & enſeigna ſon Art à Jean Mentelin, habitant de ladite ville.* Ceci bleſſe un peu les lumières de la raiſon : comment Fauſt auroit-il pû vendre en 1462 comme manuſcrite, une Bible qui portoit pour ſouſcription qu'elle étoit faite *non à la plume, mais par un nouvel art?* D'ailleurs, en 1462, les productions de cette Imprimerie étoient déjà répandues par-tout, par la publication de huit gros volumes *in-fol.* dans l'espace d'une quinzaine d'années, mais c'est ce que Naudé ignoroit. Ce n'est donc pas cette Bible que Fauft est venu vendre à Paris comme manufcrite, mais celle fans date vers 1455, qui avoit été effectivement compofée avec toutes les précautions qui pouvoient contribuer à la faire paffer pour manufcrite, & cela dans la vûe de tenir caché le fecret de leur découverte. D'ailleurs, en fuppofant qu'il eût paffé dans ce temps à Strasbourg, il n'auroit pu enfeigner fon art à Mentel fans manquer & à lui-même, & à fon affocié Guttemberg. Mais il y a plus, l'Art de l'Imprimerie en Caractères de fonte n'étoit point inventé pour lors, & Mentel n'en a fait ufage que vers 1466; donc il eft ridicule de croire que Fauft ait fait ce qu'il n'a du ni pu faire.

Corneille de Beughem publia en 1688 à Amfterdam un livre intitulé, *Incuna-*

bula Typographica, qui contient une notice des livres imprimés jufqu'en 1500. On conçoit affez que cet Auteur n'a pu voir ni examiner par lui-même tous les livres qu'il cite ; la rareté de plufieurs ne le lui permettoit pas : il a donc été obligé d'adopter ce qui en avoit été dit avant lui, au hazard de fe tromper, & c'est ce qui lui eft arrivé fur plufieurs articles, tels que le *Donat* qu'il attribue, d'après Scriverius, à la ville de Harlem en 1440, fans autre preuve ni autorité, & qu'il donne enfuite pour être fait à Mayence en 1450, avec cette feule diftinction, qu'il y ajoûte un autre livre intitulé, *Confeffionalia*, de la même année ; livre dont l'exiftence n'a jamais été conftatée, & qui n'a pu être fait à Mayence dans cette année 1450, par la raifon que vers ce temps les premiers Artiftes ont fini le Catholicon, & ont commencé une Bible, comme on le verra bientôt. Le Donat avoit précédé toute autre opération à Mayence. Mais ce qui prouve évidemment que M. Beughem n'avoit point d'idées nettes fur ces premières opérations, c'est qu'il donne encore à cette ville un livre de *Sabellicus*, intitulé, *Enneades septem historiæ ab orbe condito*, en 1442, temps où l'on n'avoit pas encore la moindre idée de cet Art à Mayence. C'est avec aussi peu de fondement qu'il cite un ouvrage intitulé, *Historia de B. Virginis Mariæ assumptione*, pour être imprimé à Deventer en 1457, puisque cet Art n'a été porté en cette ville que dix-huit ans après. Aussi, suivant Oudin *, faut-il regarder cette date comme un renversement de chiffres, & lire 1475 au lieu de 1457.

André Chevillier, Docteur & Bibliothécaire de Sorbonne, a aussi publié une histoire de l'Imprimerie en 1694, mais il s'est principalement attaché à la partie historique de l'Imprimerie de Paris. Cette histoire est une des plus sages qui aient été faites, il n'y avance rien qui ne soit éclairé du flambeau de la raison, ou dicté par le bon sens. Ce qu'il dit sur l'origine de l'Imprimerie est très-judicieux: il ne s'attache qu'à ce qu'il sait ou à ce qui lui paroît vrai;

* Comment. de scriptor. Ecclef. T. III. Col. 2758.

s'il trouve quelque chose de douteux, il le donne pour ce qu'il vaut : c'est ainsi qu'il parle de l'établissement de l'Imprimerie en Angleterre, d'après Antoine Wood qu'il cite & critique. Ce dernier Auteur publia en 1674 une histoire de l'Université d'Oxford, où il parle de l'origine de l'Imprimerie en homme qui n'en a pas la moindre connoissance : il dit que c'est un nommé *Toussaints* ou *Guttemberg*, qui inventa cet Art à Harlem ou à Mayence, (car il ne sait pas bien l'endroit,) en 1459, & que les Offices de Cicéron de 1466 sont le premier fruit de cette invention. De ce fonds d'ignorance il tire encore, que » Thomas Bourchier, Chancelier
» de l'Université d'Oxford, engagea
» Henri VI, Roi d'Angleterre, à en-
» trer dans la dépense nécessaire à l'é-
» tablissement de l'Imprimerie dans ce
» Royaume ; que pour cet effet ce
» Chancelier donna trois cens marcs
» d'argent, & le Roi douze cens. On
» donna ordre à Robert Tournour,
» maître de la Garde-robe, & à Guil-
» laume Caxton, marchand de Lon-

» dres, d'aller découvrir cet Art. Pour
» cet effet, ils se déguisèrent suivant lui,
» en Marchands, & allèrent à Amster-
» dam & ensuite à Leyde; & là, sous
» prétexte de quelque trafic, & tant
» par adresse que par argent, ils débau-
» chèrent un ouvrier, nommé Frédéric
» Corselle, qui étoit au service de Gut-
» temberg à Harlem, où ils n'osèrent
» aller, *parce qu'on y mettoit en prison*
» *les étrangers qui étoient soupçonnés de*
» *n'y venir que pour apprendre l'Art de*
» *l'Imprimerie*. De retour en Angleter-
» re, *on donna des gardes à Frédéric Cor-*
» *selle, de peur qu'il ne s'enfuît*, & étant
» arrivé à Oxford, il imprima *S. Hie-*
» *ronymi Expositio in symbolum Apo-*
» *stolorum*, 27 Décembre 1468. » Cet
Auteur prétend que l'Imprimerie a exis-
té en Angleterre dix ans avant d'avoir
lieu dans aucun autre endroit de l'Europe. Cette historiette mal digérée &
encore plus mal rendue, a cependant
été adoptée par Maittaire, qui la rapporte dans ses annales Typographiques:
elle avoit été débitée par d'autres avant
lui.

Il n'étoit pas besoin de quinze cens marcs d'argent pour établir l'Imprimerie à Oxford : cet Art, dans ses commencemens, étoit fort simple; une presse, une fonte de Caractères & quelques ustensiles suffisoient à la fabrique d'un livre. C'est ainsi qu'il a été établi dans plusieurs villes d'Allemagne, en Italie, en France & ailleurs, avant de l'être en Angleterre ; car il étoit déjà fort repandu en 1468. Rien n'obligeoit donc à prendre tant de précautions, pour aller à Harlem chercher un Art qui n'y étoit point encore, & enlever dans cette ville un ouvrier à Guttemberg qui n'y a jamais imprimé, comme je le prouverai plus bas : ainsi ces gardes que l'on donne à l'infidèle Corselle, ne sont ici que pour embellir la scène. Ce qui met le comble au ridicule de cette histoire, est l'incertitude de l'Auteur, qui ne sait pas au juste si c'est à Harlem ou à Mayence que ce *Toussaints* ou *Guttemberg* inventa l'Imprimerie en 1459, c'est-à-dire, dans un temps où cet Art étoit déjà découvert en entier, après plus de douze ans d'exercices.

xercice. Quant à ce qu'il dit, que l'Imprimerie a été établie en Angleterre dix ans avant qu'elle ait été en usage dans les autres villes de l'Europe, c'est une erreur des plus grossières ; elle n'y fut apportée qu'en 1471 par Guillaume Caxton, suivant le témoignage de M. Connyers Middleton, Bibliothécaire de l'Université de Cambridge, Auteur d'un ouvrage publié en 1735 sous ce titre, *Dissertation concerning the Origin of Printing in England*, qui prouve ce fait & détruit par-là les ridicules prétentions d'Antoine Wood. La première édition qui ait été donnée par Guillaume Caxton est un *in-fol.* intitulé, *The Game and Playe of the Chess*, &c. imprimé le 31 Mars 1474 à Westminster, où il avoit fixé sa demeure.

A l'égard de Chevillier, la raison lui sert toûjours de guide. Il avoit d'abord jugé que les Caractères du *Speculum salutis* étoient de bois ; mais ayant consulté, dit-il, un Libraire & un Fondeur, qui tous deux ont pensé qu'ils étoient de fonte, il a changé d'avis sur la parole d'autrui. Sa trop grande docilité

D

l'a fait tomber dans l'erreur, car ces Caractères font en bois, comme il l'avoit jugé d'abord : c'est ce qui fera prouvé plus bas.

Je n'entreprendrai point de réfuter les erreurs que Jean de la Caille, Libraire de Paris, a accumulées dans son histoire de l'Imprimerie, qu'il publia en 1689, j'aurois trop à faire : il suffira de dire que cet Auteur est connu pour être le moins exact & le moins instruit des Historiens de l'Imprimerie. Dépourvû d'intelligence & de critique, il brouille & confond tout ; on ne peut pas même s'en rapporter à lui sur les faits qui regardent son pays, & sa propre Communauté : je n'en citerai qu'un trait. Il dit que Guillaume le Bé & Jacques de Sanlecque furent reçus Imprimeurs & *Fondeurs* le 15 Septembre 1625, puis il leur fait imprimer ensemble & séparément des livres depuis 1611 jusqu'en 1614, c'est-à-dire 12 ou 13 ans avant leur réception. Le Bé & de Sanlecque exerçoient, longtemps avant que de se faire recevoir Imprimeurs, les deux principales parties de l'Art Typographique, je veux dire la Gravure & la fonte des Caractères, qui de tout temps ont été libres & exemptes de maîtrise ; par conséquent on ne les a pas reçus *Fondeurs* en 1625. Cette maîtrise n'a eu lieu qu'à l'égard de l'impression, qui est la troisième & dernière partie de l'Art Typographique, & cela pour remédier aux inconvéniens que le trop grand nombre des Imprimeurs auroit produits. C'est ce qui a obligé le Bé, de Sanlecque & les autres Graveurs, de se faire recevoir maîtres, lorsqu'ils ont voulu exercer par eux-mêmes cette dernière partie de leur art.

Le troisième Jubilé Typographique de 1740, célébré avec ardeur en Allemagne, a échauffé de nouveau les idées par rapport à l'histoire de cet Art. Diverses personnes en ont parlé à leur manière, les unes pour adopter les erreurs des premiers Auteurs, les autres pour les combattre ; & tous, faute d'avoir les connoissances nécessaires à la pratique des différentes parties de l'Imprimerie, se sont trompés sur plusieurs chefs. S'ils ont éclairci un point, ils en ont embrouillé un autre, & depuis ce temps on voit encore regner la même incertitude fur des faits très-importans. Ce nouveau flambeau n'a pas répandu une lumière affez éclatante, pour diffiper les ténèbres épaiffes qui enveloppent cette hiftoire ; ajoutez à cela que la précipitation s'eft mife de la partie : c'étoit à qui nous inftruiroit le plus promptement des myftères de cet Art. L'Allemagne fembloit être une lice ouverte à tous les écrivains : l'hiftoire de l'Imprimerie étoit le champ qu'ils avoient à parcourir ; mais chacun d'eux paroît n'avoir eu pour but principal, que l'avantage d'avoir fourni le premier fa carrière. Profper Marchand, qui étoit du nombre des Athlètes, fe plaint amèrement de ce que la lenteur de fon Imprimeur a prolongé la publication de fon ouvrage jufqu'en Mars 1740, & il ajoûte à la fin de fon livre, qu'il lui auroit donné plus d'étendue, mais que *l'année 1740 déjà commencée ne le lui permettoit plus.* L'Angleterre & la France ont auffi fourni leur contingent. Examinons une partie de ces écrits, pour profiter de ce qu'ils renferment d'utile, & pour faire remarquer ce qui s'écarte de l'exacte vérité.

Un des premiers Auteurs qui aient parcouru cette lice, à l'occasion de ce dernier Jubilé Typographique, est M. Palmer, Imprimeur à Londres. Il publia en 1733 dans cette ville, une histoire de l'Imprimerie en Anglois : ce livre porte pour titre, *A General History of Printing from the first invention of it.*

L'état de cet Auteur suppose naturellement des connoissances Typographiques, mais son livre fait voir qu'il en avoit peu. Il rapporte, *page 229 & suivantes*, un fait que je choisis par préférence, parce qu'il est plus remarquable. Il dit que Mylord Pembrock lui a communiqué un livre de sa Bibliothèque, qui contient les Dialogues de S. Grégoire en latin, à la fin duquel se trouve cette souscription, *Explicit liber quartus Dialogorum Gregorii* ; puis au-dessous il y a ces trois lignes en lettres rouges,

Presens hoc Opº. factum est per Johan Guttenbergium apud Argentinam Anno millesimo CCCC LVIII.

Là-dessus M. Palmer prétend établir que Guttemberg a imprimé ce livre à Strasbourg, comme cette souscription paroît l'annoncer ; mais cette preuve est insuffisante. Ce livre étant imprimé tout en noir, comme le dit l'Auteur, & ces trois lignes seules étant en rouge, cela prouve qu'elles sont manuscrites & ajoutées après l'impression ; par conséquent on n'en peut tirer aucune preuve pour le fait, puisqu'il n'y a rien de si commun que ces sortes de notes manuscrites, qui se trouvent presque toûjours fausses. Celle-ci est certainement du nombre. Si Guttemberg se fût établi à Strasbourg après la rupture de sa société avec Faust, qui venoit de publier en 1457 un Pseautier avec une souscription pompeuse, il n'auroit pas manqué de mettre son nom à cette édition qu'on lui attribue si légèrement, & à d'autres qui l'auroient suivie. On ne trouve au contraire aucun vestige de son séjour à Strasbourg après la rupture de sa société. On ne finiroit pas si on vouloit relever la fausseté de toutes ces notes manuscrites, qui étoient dictées par l'ignorance ou par l'intérêt de ceux qui les ont faites, & sur lesquelles je reviendrai encore. Passons aux remarques de M. Palmer sur ce livre; elles nous prouveront qu'il n'est pas assez instruit pour qu'on puisse s'autoriser de son jugement. Ses remarques se reduisent à cinq articles, dont voici la substance.

1°. *Ce livre des Dialogues de Saint Grégoire est grossier pour l'impression, & inférieur à ceux qu'ont donnés Faust & Schoiffer. La différence des mêmes lettres démontre qu'elles sont faites sur des planches de bois, comme celles qui servoient à ces livres qu'on n'imprimoit que d'un côté...... Ce qui fait voir que Guttemberg ignoroit l'usage des Caractères de fonte, dont Faust aura gardé le secret.* Voilà donc Guttemberg réduit, suivant M. Palmer, à imprimer à Strasbourg en 1458, avec des planches fixes de bois, tandis qu'il avoit déjà imprimé à Mayence sa Bible latine en Caractères mobiles de bois plusieurs années auparavant. Il est visible par cela seul, qu'il n'a pas imprimé ce livre. Faust n'a pu lui cacher en 1455, le secret des

Caractères de fonte, qui n'ont été inventés par Schoiffer que vers 1458.

2°. *Guttemberg fit cette édition en 1458, trois ans après sa séparation de Fauſt. Il employa tout ce temps à tailler des planches de bois, à mettre en ordre ſes inſtrumens & à faire ſes eſſais, après quoi il s'eſt fixé à Strasbourg.* Voilà encore Guttemberg obligé de faire un honteux apprentiſſage à Strasbourg. Notre Imprimeur Anglois le repréſente occupé trois ans entiers à de groſſiers eſſais, ſans lui ſuppoſer encore de l'expérience dans un art qu'il a le premier mis en uſage, & cela plus de dix ans après le premier exercice ; art qui avoit reçu des degrés de perfection par la mobilité des Caractères de bois. Si Guttemberg s'eſt fixé à Strasbourg, où ſont les monumens qui le prouvent ? car ni cette ſouſcription, ni les raiſons de M. Palmer, ne ſont point ſuffiſantes.

3°. *Ce livre eſt imprimé un an après le Pſeautier de Mayence, qui fut fait en lettres mobiles de fonte par Fauſt & Schoiffer. . . . Ce que Guttemberg ayant obſervé, il voulut achever ſes rudes eſſais,* après quoi il resta dans l'inaction, jusqu'à ce que Mentel & lui purent imiter cette nouvelle façon d'imprimer. Tout ce discours, que j'abrège, porte à faux, parce que ce Pseautier est imprimé en Caractères mobiles de bois & non de fonte, comme on le verra bientôt.

4°. Le papier de ce livre porte la marque de la tête de taureau, dont Fauft s'est servi ; ce qui peut avoir fait le reste du magazin de papier que Guttemberg & Fauft auront partagé en se quittant, ou que Guttemberg aura imité pour donner du crédit à son ouvrage. Ces deux premiers Imprimeurs n'avoient point de papier qui leur fût propre, ils en ont employé qui portoit différentes marques : celle-ci se trouve sur du papier de divers manuscrits antérieurs à l'Imprimerie ; elle étoit une des marques du Fabriquant, & non celle de l'Imprimeur.

5°. On ne voit à ce livre, ni titres, ni signatures, ni reclames ; & comme c'est un grossier essai de l'Imprimerie, cela fait voir qu'il est de la même façon que les essais de Fauft. Mais où M. Palmer a-t-il vû des essais de Faust, pour en juger par comparaison ? Le premier ouvrage qui soit connu pour venir certainement de lui & de Schoiffer, est le Pseautier de 1457, qui est un chef-d'œuvre. On lui attribue avec fondement la Bible sans date, qui n'est pas si parfaite ; il la fit en commun avec Guttemberg, & elle fut commencée vers 1452 ; mais ces deux ouvrages sont en Caractères mobiles de bois. Or comment, après l'exécution de ces livres, cet Auteur réduit-il Guttemberg à faire des essais informes & grossiers avec des planches fixes en 1458 ? C'est qu'il n'est pas au fait de la matière dont il parle : en voici d'autres preuves. Il dit, par exemple, *page 55*, que les figures du *Speculum* sont imprimées avec de l'encre commune, qui n'a point permis d'imprimer la feuille des deux côtés. Il ne falloit qu'un peu d'attention pour sentir que toute encre qui laisse son empreinte d'un côté du papier, peut bien la laisser de l'autre ; aussi n'est-ce pas là pourquoi ces anciens livres ne sont imprimés que d'un côté.

Les remarques de M. Palmer, malgré la foiblesse de ses raisons, n'ont pas laissé de faire impression sur quelques personnes. M. Clément en a déjà fait usage dans le premier & le quatrième tome de sa Bibliothèque curieuse. Je suis fortement persuadé que M. Palmer se connoît mal en Caractères mobiles & non mobiles de bois ; que ces Dialogues de Saint Grégoire sont imprimés, non en planches, comme il le dit, mais en Caractères mobiles de bois ; que ce livre ressemble, pour l'exécution, au *Liber Regule*, autre ouvrage du même Saint, dont je viens de rendre compte à l'article de Naudé, & qu'ils sont l'un & l'autre l'ouvrage de ces Graveurs en bois dont j'ai parlé.

M. Schœpflin, Professeur d'Histoire & d'Eloquence dans l'Université de Strasbourg, a fait des recherches curieuses & très-intéressantes, qu'il a publiées dans une Dissertation sur l'Imprimerie *. Il nous y démontre par les regîtres publics de Strasbourg, quelles

---

* Mémoires de l'Académie des Inscriptions & Belles-lettres, tom. 17.

étoient la patrie, les qualités, les diverses occupations de Guttemberg, & sa résidence dans cette ville jusqu'en 1444, ce qui peut servir à fixer l'époque de l'origine de l'Imprimerie. Les conjectures que forme cet Auteur pour attribuer à la ville de Strasbourg l'honneur d'avoir été le berceau de cet art, sont justes & naturelles ; mais il se trompe sur quelques articles, qu'il me permettra de relever avec tous les égards qui sont dûs à la réputation qu'il s'est justement acquise par son mérite. Il dit que *Schoiffer trouva le secret de jeter les Caractères en fonte vers 1452*. Les anciens monumens Typographiques ne sont pas d'accord avec ce récit. La Bible sans date, commencée vers ce tems, & qui causa la rupture de la société entre Guttemberg & Fauft en 1455, est en Caractères mobiles de bois ; après cela Fauft & Schoiffer imprimèrent ensemble un Pseautier en 1457, & un autre en 1459, tous deux encore en Caractères mobiles de bois ; donc Schoiffer n'avoit pas inventé les Caractères de fonte sept ans auparavant. M. Schœpflin, en parlant de ce Pfeautier, dit qu'*il a dû être commencé par la société de Guttemberg & de Fauſt, quoiqu'il n'ait paru qu'après leur rupture, puiſque tous les Experts conviennent qu'il falloit plus de dix ans pour le rendre auſſi parfait qu'il l'eſt, imprimé ſur des Caractères finement ſculptés en bois ou en bronze.*

Guttemberg & Fauſt ayant imprimé en moins de cinq ans, c'eſt-à-dire, de 1450 à 1455, une Bible en deux volumes *in-folio*, avec toute la propreté d'un livre qu'ils vouloient faire paſſer pour manuſcrit, il ne leur a pas fallu dix ans pour imprimer ſeulement le Pſeautier. Les ouvrages de ces premiers Artiſtes, qui ſe ſuccédoient avec une promptitude étonnante, prouvent qu'il n'a fallu que deux ans au plus, pour faire ce livre, qui a été fini en 1457, deux ans après la rupture de la ſociété de Guttemberg & de Fauſt; ainſi Guttemberg n'a aucune part à la fabrique de ce livre: auſſi voyons-nous que dans la ſouſcription, Fauſt & Schoiffer ſont nommés comme en étant les ſeuls Artiſtes.

Cette indéciſion de M. Schœpflin

au sujet des *Caractères sculptés en bois ou en bronze*, avec la longueur du temps qu'il admet pour leur fabrique, sont une preuve qu'il n'a pas fait une étude particulière de ces parties de l'Art Typographique; de même que ce qu'il ajoûte, qu'après les planches de bois fixes, les premiers Caractères étoient percés & enfilés avec de la ficelle, & cela, dit-il, *tenoit comme il pouvoit, dont il arrivoit souvent que la pesanteur de la presse séparoit & renversoit les lettres*. Ensuite on sculpta, selon lui, les lettres sur différens métaux, puis enfin on les moula. La simple réflexion suffit pour démontrer l'impossibilité physique qu'il y a d'imprimer avec des Caractères enfilés sans autre assujétissement. De deux choses l'une; ou ces Caractères étoient enfilés de la première à la dernière ligne, & alors le fil passoit successivement de droite à gauche par toutes les lignes de l'intérieur; ou bien ce fil étoit seulement arrêté par un nœud au bout de chaque ligne. Mais, dans l'un & l'autre cas, comment auroit-on fait pour corriger une faute dans le milieu de ces lignes ? il auroit donc fallu defenfiler cette efpèce de chapelet jufqu'à la lettre à changer, & détruire parlà fon ouvrage pour le recommencer autant de fois qu'il y auroit eu de fautes à corriger. Après tant de peines, cet édifice chancelant auroit culbuté au premier effort du moindre corps que l'on auroit appuyé deffus pour imprimer. Il étoit bien plus fimple & plus facile d'imaginer quatre petites planches en forme de chaffis, pour affujétir ces lettres, ou tout au moins une ficelle pour lier la page entière, que de les percer, au rifque continuel de les éclater, pour y paffer une ficelle incapable de produire l'effet defiré. Schoiffer étoit trop intelligent pour qu'on puiffe le foupçonner d'une opération auffi imparfaite.

L'idée des Caractères fur métaux eft une autre erreur de fait, que M. Schœpflin a jugé à propos d'adopter d'après divers Auteurs, & que je n'ai pas relevée plus haut afin d'éviter les redites. Tous ces prétendus Caractères de fer, de cuivre ou d'airain, d'étain ou de plomb, que plufieurs écrivains ont dit être *façonnés au couteau* & antérieurs aux Caractères de fonte, sont autant de préjugés fondés sur des apparences mal entendues par des Auteurs qui ne connoissant point le détail des opérations, ont pris quelques parties pour le tout.

Pour faire des Caractères de fonte, il a fallu, au commencement comme à présent, graver chaque lettre de l'alphabet sur une tige d'acier, pour en former le poinçon, qui, durci par la trempe, est en état d'être enfoncé à coups de marteau dans un morceau de cuivre où il laisse son empreinte : le morceau de cuivre, de grosseur proportionnée à la lettre qu'on y a frappée, est appellé *matrice* : après que cette matrice a été limée, polie & justifiée à un degré convenable, on l'adapte à un moule de fer dans lequel on jette le métal fondu, qui va prendre sa figure dans cette matrice ; ce métal étoit d'abord tout simplement de plomb ou d'étain, puis on y fit entrer du cuivre & de l'antimoine. Les lettres sorties du moule ont toûjours eu besoin d'être réparées avec le couteau & d'autres outils,

non

DE L'IMPRIMERIE.

non pour toucher à la figure de la lettre, mais à la tige qui la porte, afin d'en ôter les inégalités que le moule a pû y laisser. Ces diverses opérations se font confondues dans l'esprit de ceux qui n'en connoissoient pas le détail ; de-là on a pris les poinçons pour des lettres de fer, les matrices pour des lettres de cuivre ou d'airain, & les lettres de plomb & d'étain pour des essais façonnés au couteau, comme les lettres de fer & de cuivre.

M. Schœpflin, pour soûtenir son opinion par rapport aux Caractères de cuivre, s'autorise de la souscription de deux livres imprimés à Strasbourg, l'un en 1473, l'autre en 1476, qui porte que *ces livres sont faits avec des lettres sculptées en bronze*; ce que l'on doit entendre par les matrices de cuivre qui ont servi à former lesdits Caractères. Il n'y auroit pas de raison à croire que 16 ou 17 ans après l'origine des Caractères de fonte, on fût réduit dans la ville de Strasbourg à scuplter sur le cuivre des lettres les unes après les autres, tandis que dès 1466 Mentel avoit imprimé

E

dans cette même ville avec des Caractères fondus, & qu'Eggeſtein, autre Imprimeur de Strasbourg, avoit auſſi fait uſage des mêmes Caractères peu de temps après. Pour qu'il ne reſte aucun doute ſur ce fait tant répété, je vais en faire voir l'impoſſibilité.

La partie principale & la plus difficile de l'Imprimerie, celle qui conſtitue l'Artiſte, eſt l'art de faire les poinçons; pour cela le Graveur prend un morceau d'acier, & ſur un des bouts il grave ou taille une lettre quelconque. La figure de la lettre eſt ſon ſeul objet. Que ce morceau d'acier ſoit un peu plus ou moins long, un peu plus ou moins large ou épais, cela eſt indifférent; le Graveur en ſera quitte pour limer cet acier plus ou moins en talus, afin d'arriver à la grandeur déterminée de la lettre qui doit être au bout, & il employera trois ou quatre heures pour donner à cette lettre la grace & la proportion qui lui conviennent, de ſorte qu'il fera trois ou quatre poinçons par jour; mais tailler ces lettres les unes après les autres ſur l'airain & en former des pièces mobiles, ce feroit bien un autre ouvrage. Après qu'on auroit taillé la lettre fur une des fuperficies de ces morceaux de cuivre, comme on auroit fait pour un poinçon, il faudroit en dreffer toutes les tiges à une hauteur jufte & parfaitement égale, fans quoi la plus haute marqueroit fur le papier, tandis qu'une plus baffe n'y marqueroit pas : après cela il faudroit affujétir toutes ces petites parties, avec la même exactitude, à une épaiffeur égale & déterminée, qu'on appelle *force de corps*, qui donne la diftance jufte des lignes ; fans cela ces lettres ne tiendroient pas enfemble, ou bien elles formeroient une apparence de mufique en montant ou defcendant ; enfin il faudra encore limer & réduire ces petites pièces à la largeur précife qui convient aux différentes lettres, de façon que cette largeur foit moindre pour une *n* que pour une *m*, & moindre encore pour un *i*, & ainfi des autres, quoiqu'elle foit égale pour chaque lettre femblable. Voilà donc trois opérations de plus pour une lettre taillée fur un morceau de cuivre propre à imprimer, que pour un poinçon. Jamais on n'a pû imprimer en Caractères de bronze sculptés, comme le prétendent ces Auteurs, sans avoir fait antérieurement ces préparations exactes, dont la longueur excessive ne s'accorde en aucune façon avec l'intelligence des premiers Artistes, ni avec le temps qu'ils ont employé à finir leurs ouvrages. Reprenons : une lettre gravée sur un poinçon d'acier & frappée sur un morceau de cuivre pour en faire une matrice, occupera un Graveur environ cinq ou six heures pour ces deux opérations ; mais cette matrice rendra en un jour à la fonte, par le moyen d'un seul ouvrier, deux ou trois mille fois sa figure. Au contraire, pour qu'un ouvrier sculpte sur le bronze trois milliers de lettres mobiles avec les divers degrés de proportion qui leur conviennent, il lui faudra une demie année. Donc il n'est pas vraisemblable qu'un travail si pénible & si long ait été jamais en usage, & il ne l'a pas été en effet. Le bois sur lequel on a fait les premiers Caractères mobiles, quoiqu'infiniment plus facile à sculpter que le cuivre, a été abandonné précisément par rapport à la longueur du travail, & l'on a passé tout de suite à la fabrique des Caractères de fonte, sans autre variation intermédiaire.

Pour ne plus revenir à cet article, je vais rapporter ici tout de suite l'idée de quelques Auteurs qui prétendent qu'anciennement les Caractères de l'Imprimerie Royale, de Robert Étienne, de Plantin, des Elzévirs, & autres, étoient en argent. Il n'y a pas encore long-temps que j'ai entendu avancer ce fait par un homme de Lettres. En vain lui ai-je représenté que le feu extraordinaire qu'il auroit fallu pour faire rougir le creuset & tenir cet argent en fusion, auroit beaucoup incommodé un ouvrier obligé d'avoir continuellement les yeux dessus pour y puiser; que l'argent ayant besoin d'être chauffé jusqu'à être rouge, pour acquerir la fluidité convenable sans laquelle il ne pourroit couler par un petit espace & le remplir, il en résulteroit un effet absolument contraire à la fonte des lettres, la matière restant long-temps dans le moule & dans la matrice sans se figer, ce qui est entièrement opposé à la promptitude indispensablement requise pour faire prendre au métal la figure de la lettre; que la matrice étant de cuivre rouge, qui est un métal à peu près aussi fusible que l'argent, elle se fondroit elle-même à la fin; que les opérations que l'on fait après la fonte à deux ou trois cens lettres à la fois, deviendroient trop difficiles; enfin que tant de dépenses & de peines seroient inutiles, parce que les lettres d'argent ne produiroient pas un plus bel effet que celles qui sont faites avec le métal que l'on compose exprès pour les Caractères; que l'impression n'en seroit ni plus belle, ni plus nette, & que tous les gens de l'Art étoient pleinement convaincus de la fausseté de ce fait, dont il n'existe d'ailleurs d'autres preuves que des ouï-dire. Toutes ces raisons décisives ne firent pas la moindre impression sur ses préjugés; tant ils ont de force sur les personnes même instruites d'ailleurs!

Revenons à M. Schœpflin : je suis

surpris de voir qu'un homme de son mérite ait adopté le récit de quelques Auteurs qui font de Pierre Schoiffer un domestique de Fauſt. Autrefois on comprenoit ſous le nom de domeſtique tous les ouvriers qui étoient employés ſous un Maître ou Directeur de Manufactures quelconques ; maintenant cette expreſſion préſente une autre idée. J'ai peine à croire qu'il s'en tienne à cette dernière, d'autant mieux qu'il nous apprend lui-même qu'il y a dans la Bibliothèque de Strasbourg un manuſcrit dont il a envoyé la ſouſcription à feu M. de Boze en 1742, qui porte : *Hic eſt finis omnium librorum tam veteris quam nove logice, completi per me Petrum de Gernsheim, aliàs de Magunciâ, anno M. CCCC. XLIX. in gloriofiſſimâ Univerſitate Pariſienſi.* Ainſi Schoiffer faiſant ſes études à Paris en 1449, à ce que prétend M. Schœpflin, ou tout au moins y écrivant des cayers de Philoſophie, comme il paroîtra peut-être plus naturel à d'autres de le conclure de cette ſouſcription, & devenu tout de ſuite Clerc de Mayence, n'a pas dû paſſer vers ce temps au ſervice de Fauſt à titre de valet, comme quelques-uns l'ont cru mal à propos, mais pluſtôt en qualité d'écrivain pour faire les modèles des lettres qui devoient être gravées ſur le bois.

M. de Boze nous a donné dans le XIV. Tome des Mémoires de l'Académie des Belles-Lettres des obſervations ſur les Annales Typographiques de Maittaire; il y rapporte deux notes précieuſes ſur Nicolas Jenſon, Graveur de la Monnoie de France ſous Charles VII : elles me ſerviront par la ſuite à prouver que ſi l'Allemagne a l'avantage d'avoir produit dans la perſonne de Schoiffer le premier Inventeur du véritable Art Typographique, on ne peut refuſer à la France la gloire d'avoir contribué plus qu'aucune autre nation à l'établir, l'étendre & le perfectionner, en produiſant le fameux Jenſon.

M. de Boze pria M. Gilbert, alors Greffier en chef du Parlement de Paris, de faire chercher ces prétendus Arrêts contre Fauſt, dont on avoit tant parlé. Jamais il ne fut poſſible de les

DE L'IMPRIMERIE. 73

trouver, ce qui doit faire bannir pour toûjours toutes ces vieilles hiſtoires. Un ſervice encore plus important que cet Académicien a rendu à l'Hiſtoire Typographique, eſt d'avoir fait connoître le fameux Pſeautier de 1457, dont il venoit de faire l'acquiſition, & que la République Littéraire de France ne connoiſſoit auparavant que par le titre. Il en donne une notice fort étendue, & il prouve très-bien que ce livre eſt imprimé en Caractères mobiles de bois; ce que j'ai eu lieu de vérifier ſur le même exemplaire, que j'ai vû dans le cabinet de M. le Préſident de Cotte, où il eſt actuellement, ainſi que la ſeconde édition de ce même Pſeautier, faite en 1459. Mais un point ſur lequel il ſe trompe, c'eſt lorſqu'il dit que ce Pſeautier eſt imprimé *avec de l'encre en détrempe gommée*: la raiſon qu'il en donne n'eſt pas recevable. *L'encre à l'huile*, dit-il, *s'attache & s'incorpore de manière aux lettres de bois, qu'on ne ſauroit les débarraſſer comme les lettres de fonte par le ſimple lavage des formes, & à chaque impoſition de feuille cette encre* feroit une nouvelle croute qui défigureroit insensiblement toutes les lettres. M. de Boze, quoique très-versé dans les matières de Littérature, n'étoit point au fait de cette partie de l'Imprimerie. Une pratique continuelle & constante depuis l'origine de cet Art, nous fait voir que les ornemens en bois qui servent pour l'impression, ont toûjours été exempts de ce défaut ; & bien loin que ces gravures en bois contractent une croute d'encre, elles servent beaucoup plus long-temps que la fonte, & se lavent également bien. Ce qu'ajoute cet Auteur, que *l'on trouva le secret de joindre aux caractères de CUIVRE DOUX, d'étain ou de plomb, ces Majuscules de bois qui font encore aujourd'hui l'ornement de bien des livres*, contredit formellement ce qu'il a avancé plus haut touchant cette difficulté d'imprimer sur le bois avec de l'encre à l'huile. J'ai fait voir ci-dessus ce que l'on doit penser de ces Caractères de *cuivre doux*. Pourquoi n'eussent-ils pas été de cuivre aigre ? ils n'en auroient duré que plus long-temps. M. de Boze dit aussi que *Faust, en fuyant de Paris, se retira à Mayence & puis à Strasbourg, où il enseigna son Art à Mentel.* Puis plus bas il ajoute que *Guttemberg, après sa rupture, se retira à Strasbourg où il enseigna son Art, & de-là à Harlem.* On voit par ce récit que M. de Boze s'est contenté de le copier d'après quelques Auteurs, sans faire usage de sa critique ni de ses lumières. Comment concevoir que Faust, après son retour de Paris à Mayence, ait quitté de nouveau cette ville & sa société, pour aller enseigner son Art à Strasbourg, sans qu'on puisse dire ni pourquoi, ni comment. L'Abbé Trithème assure bien plus positivement que Faust garda soigneusement son secret jusqu'en 1462, temps où il fut divulgué par ses ouvriers. Mais si Faust eût déjà enseigné cet Art à Strasbourg, qu'est-ce que Guttemberg y auroit été enseigner après la rupture de sa société? Nous verrons bientôt ce que l'on doit penser de ces prétendues transmigrations de Guttemberg.

Un des meilleurs ouvrages qu'ait produit le Jubilé Typographique de

1740, est l'histoire de l'Imprimerie par Prosper Marchand, Libraire François réfugié à la Haye pour cause de religion, & mort depuis quelques années ; ouvrage recommandable par l'érudition immense dont il est rempli. Ce laborieux Écrivain a rassemblé avec des soins infinis un grand nombre de matériaux capables de former un édifice parfait, s'il les eût employés avec un goût éclairé par la saine critique, & suffisamment orné de connoissances typographiques. Il a prodigué partout l'érudition avec une profusion si grande, qu'on ne sait lequel lire ou du texte, qui est la plus légère partie de l'ouvrage, ou des notes & des citations, dans lesquelles il est, pour ainsi dire, submergé ; & quand on est venu à bout de lire le tout, on ne sait le plus souvent à quoi s'en tenir. Ce qui a fait dire avec raison à l'Auteur du Journal des Savans, qui a donné un bon extrait de cet ouvrage au mois de Février 1754, que cet enchainement de texte, de notes & de citations, *est un déplacement presque continuel & pres-*

qu'affecté, *qui devient l'écueil de l'attention & de la patience du Lecteur*. La peine que j'ai prise de vérifier cette multitude de citations, ne m'a point été inutile ; l'examen que j'en ai fait m'a mis en état de connoître la vérité, & souvent de penser différemment de l'Auteur. Sa critique n'a pas toûjours été assez éclairée pour l'empêcher de tomber dans les différentes erreurs de fait que j'ai relevées ci-dessus, & qu'il rapporte d'après les Auteurs qu'il cite. Il passe, sans autre gradation, des planches de bois fixes aux Caractères mobiles de fonte, pour la Bible sans date vers 1450, quoiqu'il y ait eu des Caractères mobiles de bois entre les planches fixes & les Caractères de fonte, & que les fruits de cette dernière invention, dont Guttemberg n'a jamais fait usage, n'aient paru qu'en 1459. Il avance ce fait d'après Trithème, sans faire attention que le but de cet Auteur étoit de parler en général, & de n'entrer dans aucun détail, comme je l'ai fait voir ci-dessus. Il rapporte dans le texte, que *Fauſt fut pour-*

suivi vigoureusement par la Cour, & enfin obligé de se retirer au plus vîte à Mayence, & de-là à Strasbourg, où il enseigna son Art à Mentel. Nous avons vû ce que l'on doit penser sur ce point. Prosper Marchand lui-même, dans ses notes, paroît douter de ce fait, & détruit par conséquent d'une main ce qu'il établit de l'autre, chose qui lui arrive très-souvent. Il fait voyager Guttemberg, après la rupture de sa societé avec Faust, comme un Chevalier errant, & cela sur la foi de Salmuth & de Mallinckrot. Il suit aveuglement Antoine Wood, cet Écrivain Anglois si peu instruit, comme nous l'avons vû, de ce qui concerne l'histoire de l'Imprimerie; & d'après son témoignage, il fixe l'époque de l'établissement de cet Art en Angleterre avec les particularités ridicules que cet Auteur a rapportées; puis, d'après le même garant, il fait revenir Guttemberg de Harlem à Mayence avec aussi peu de fondement. C'est ainsi qu'on abuse souvent des citations pour dire tout ce que l'on veut. Comme j'ai déjà fait voir la fausseté de ces allégations, & que d'ailleurs je ferai obligé d'y revenir, je passe aux éditions que Prosper Marchand attribue à Guttemberg, à Fauft & à Schoiffer, quoiqu'il soit démontré qu'ils n'ont jamais eu le tems de les faire, lorsqu'on veut se donner la peine de suivre seulement le cours de leurs éditions connues.

Il donne à ces Artistes une seconde édition du *Catholicon Johannis Januensis*, qu'il leur fait faire entre la Bible sans date & le Pseautier de 1457. Il le reconnoît, dit-il, à ce *que le caractère, à quelque peu de grosseur près, en est tout à fait semblable à celui de la Bible latine imprimée par Fauft & Schoiffer en 1462...., & à la marque du papier.* Pour prouver ce fait, il cite les Pères Quetif & Echard, savans Dominiquains, qui, dans la liste qu'ils ont donnée des Écrivains de leur Ordre, disent qu'ils ont vû un exemplaire de cet ouvrage dans la Bibliothèque de Sainte Géneviève de Paris.

Non seulement ce Catholicon est à Sainte Géneviève, mais encore dans la Bibliothèque des Jésuites de la rue S. Jacques. Je l'ai vû dans ces deux endroits, & je suis en état d'assurer qu'il n'a point été fait par ces premiers Artistes. Premièrement il n'est pas vraisemblable qu'ayant commencé leurs impressions par ce livre, comme on n'en peut douter d'après le témoignage formel & authentique de Trithème, que j'ai rapporté ci-dessus, & en ayant donné en 1460 une édition qui existe, ils aient encore fait celle-ci dans l'intervalle, c'est-à-dire, trois éditions différentes, toutes trois avec différens Caractères, & dans un espace de tems très-court ; aussi ne l'ont-ils pas fait, en voici la preuve. Quand la Bible sans date fut finie, Guttemberg & Faust se brouillèrent par des raisons d'intérêt, & rompirent leur société en 1455 ; & en 1457 Faust & Schoiffer donnèrent leur Pseautier. Or, dans ce court intervalle, Guttemberg & Faust brouillés ensemble n'ont pû faire un gros in-folio, qui d'ailleurs est en Caractères de fonte, tandis que la Bible sans date & le Pseautier sont en Caractères de bois. La marque

que de la tête de bœuf * & d'une rofette qui fe trouve au papier, n'annonce rien qui foit particulier à la ville de Mayence. Il n'y a donc que le Caractère qui puiffe établir une marque diftinctive ; mais, malheureufement pour notre Auteur, cette marque détruit tout-à-fait fon fentiment. Un Ca-

---

* Dans l'examen que j'ai fait du papier que l'on a employé dans les anciennes éditions & dans des Manufcrits de l'an 1444, j'ai remarqué plus de fix fortes de têtes de bœuf effentiellement différentes les unes des autres ; favoir, l'une vûe de face avec deux cornes, deux oreilles & un toupet de poils fur le front, & avec deux yeux & une efpèce de nez liés enfemble ; une feconde avec une étoile fur le front & une ligne furmontée d'un trèfle qui s'élève entre les deux cornes ; une troifième beaucoup plus grande que les autres, n'ayant dans la figure que deux ronds feulement en forme d'yeux, avec une double ligne au deffus de la tête finiffant par une croix & traverfée dans le milieu par une couronne à trois pointes terminée par un trèfle ; trois autres plus petites que les précédentes, furmontées d'une étoile au bout d'une ligne plus ou moins grande, & dont les têtes font différemment figurées : enfin, dans d'autres Manufcrits pareillement de l'année 1444, j'ai vû pour marque du papier non feulement quelques-unes de ces têtes, mais encore un petit taureau ou bœuf en entier & différemment fait, l'un pofé fur les quatre jambes, l'autre fur celles de derrière feulement, quoique le papier foit néanmoins parfaitement égal tant pour le grain que pour la force & la blancheur ; d'où il eft naturel de conclure que ces marques n'étoient pas attributives à une même fabrique de papier, ni par conféquent à un même Imprimeur. De plus, il eft vifible qu'un même Fabriquant avoit plufieurs marques, puifqu'il n'y a rien de fi commun que d'en trouver différentes dans les mêmes livres anciennement écrits ou imprimés fur du papier abfolument femblable d'ailleurs.

F

ractère qui est semblable à un autre, *à quelque grosseur près*, devient un Caractère tout-à-fait différent : un *Cicero*, par exemple, n'est pas le même Caractère qu'un *petit Romain*, quoiqu'il n'y ait entr'eux qu'une petite différence de grosseur. Aussi les Caractères de ce Catholicon diffèrent-ils beaucoup des Caractères de ces premiers Artistes : ceux-ci sont d'un goût qui est constamment le même, tant dans la Bible sans date, que dans leurs impressions en fonte ; c'est une marque distinctive à laquelle ceux qui ont le tact fin & les yeux exercés, reconnoîtront toûjours les éditions de Fauft & de Schoiffer. Le Caractère de ce Catholicon, quoique fait à l'imitation de celui avec lequel on le compare, en diffère essentiellement ; il est d'un cinquième plus petit, & postérieur de plus de douze ans à l'époque qu'on lui donne ; une grande partie des Majuscules sont formées comme nos Capitales latines ; on y voit de plus les (&) ainsi figurés à la moderne, ce qu'on n'a jamais vû dans les éditions des premiers Imprimeurs de Mayence. Mais un argument plus fort & plus décisif que tout cela, c'est que ce Caractère n'a jamais paru dans aucune des impressions reconnues pour être de ces Artistes; & cependant il étoit tout naturel qu'ils en fissent usage, puisqu'il est mobile, de fonte, & fort bien exécuté. Prosper Marchand donne encore gratuitement à nos premiers Typographes plusieurs éditions *reconnues*, dit-il, *pour être indubitablement de leur impression, tant par la ressemblance de leur Caractère.... que par les marques du papier.* Ces livres sont, 1°. *Liber Regule Pastoralis S. Gregorii Pape*, in-8°. qu'on ne peut cependant leur attribuer, comme je l'ai fait voir à l'article de Naudé. 2°. *Mathei de Cracovia Dialogus Rationis & Conscientie*, in-4°. 3°. *Speculum Historiale*, deux vol. *in-fol.* de Vincent de Beauvais. 4°. *Liber Sermonum Sancti Leonis*, in-fol. Les preuves sur lesquelles cet Auteur s'appuie étant la marque du papier, qui n'est pas également la même, & qui par conséquent ne prouve rien, & *la ressemblance des Ca-*

ractères qui n'existe que dans son imagination, elles tombent d'elles-mêmes. Les Caractères du *Liber Regulæ Pastoralis* sont de bois, & plus gros que ceux des deux volumes de Vincent de Beauvais qui sont de fonte. A la vérité ceux-ci sont entièrement semblables à ceux du Catholicon dont nous venons de parler. J'ai vû dans la Bibliothèque de Sainte Géneviève, (dont, pour le dire en passant, il seroit à souhaiter que les richesses fussent connues du Public par un bon Catalogue *, auquel le R. P. Mercier, Bibliothécaire actuel, seroit bien capable de mettre la dernière main); j'ai vû, dis-je, dans cette Bibliothèque, un ouvrage de Vincent de Beauvais, intitulé, *Speculum Naturale*, ** &c.

---

* Je dis la même chose par rapport aux Bibliothèques de S. Germain des Prés, du Collège Mazarin, de S. Victor, du Collège des Jésuites, & des Célestins, qui toutes renferment des trésors précieux, ignorés en partie, ou connus seulement d'un très-petit nombre de personnes, & par conséquent presque perdus pour le Public, faute d'un Catalogue imprimé qui les fasse connoître. La route cependant est frayée : M. l'Abbé Sallier, en donnant au Public l'excellent & magnifique Catalogue des livres du Roi, montre à toutes les grandes Bibliothèques un bel exemple qui mériteroit bien d'être suivi.

** On voit au commencement de ce livre une note manus-

en deux gros volumes *in-fol.* à deux colonnes de 66 lignes chacune, en tout semblables pour le Caractère, le papier, la composition & la manière de faire, à ce Catholicon sans date * ; il est également sans nom de lieu & d'Imprimeur ; le papier en est aussi très-fort, très-égal, & porte en partie les mêmes marques ; car il y en a différentes, comme un croissant plus ou moins grand, une rosette, & jusqu'à des marques indistinctes ; il s'y trouve même du papier sans aucune marque, quoique tout semblable pour la force. Ces mêmes variations de papier se

crite qui porte qu'il a été imprimé par Mentel à Strasbourg en 1473. Cette note est fautive ; la souscription qui est à la fin du 4ᵉ. volume du *Speculum Historiale*, le prouve ; elle nous apprend que ce volume a été imprimé en 1473 : les trois premiers ne portent point de date. Or ces 4 volumes étant en Caractères romains, qui sont, comme l'on sait, une marque certaine des nouveaux progrès de l'Imprimerie, il s'ensuit que le *Speculum Naturale* qui est imprimé avec les premiers Caractères, a dû précéder de plusieurs années l'époque de 1473.

* Ce Catholicon est à deux colonnes de 67 lignes chacune. Dans la notice que Prosper Marchand en donne, *Histoire de l'Imprimerie*, page 37, il dit qu'au mot *Abbatissa* il y a *Ft dicitur* pour *Et dicitur* ; au mot *Abscondo*, il y a *absc onsus* ainsi divisé ; sous *absortus* le mot *eor um* est encore ainsi divisé, &c. J'ai examiné ces articles dans l'exemplaire de la Bibliothèque de Sainte Géneviève, qui est le même que celui que décrit Prosper Marchand, & sans date ; tous ces mots sont placés & composés comme ils doivent l'être.

F iij

voient dans ce Catholicon, il faut seulement y ajouter la tête de bœuf. On peut donc assurer, sans crainte de se tromper, que qui a fait l'un a fait l'autre. Mais quel est cet Imprimeur ? Ce n'est certainement pas Guttemberg, ni Fauft, ni Schoiffer, comme le prétend Profper Marchand ; je viens d'en apporter les raifons, auxquelles j'ajoute encore celle-ci, qu'il y a dans ces livres un nouvel ufage qui n'a jamais été pratiqué par ces premiers Artiftes, & qui leur eft poftérieur. C'eft une petite lettre minufcule imprimée dans le milieu d'une place quarrée laiffée vuide en tête de chaque Chapitre, pour y peindre une grande Capitale conformément à la petite qui eft deftinée à fervir de guide au Deffinateur, & qui fe perd dans le deffein. A qui devons-nous donc attribuer ces éditions ? Je vais expofer mon fentiment, qui me paroît avoir quelque chofe de plus que de la vraifemblance. J'ai vû dans la même Bibliothèque de Sainte Géneviève trois autres volumes des Miroirs de Vincent de Beauvais, à deux colonnes comme les précédens, de même format & du même papier, dont le premier porte cette foufcription ainfi figurée : EXPLI-CIT. PRIMUM. VOLUMEN. SPECULI. HISTORIALIS. IMPRESSUM. PER. JO-HANNEM. MENTELLIN. fans nom de lieu & fans indication d'année. Mais voilà Mentellin reconnu pour avoir imprimé ce premier volume dans le goût des deux volumes du *Speculum Naturale*, dont celui-ci fait comme une fuite, avec un Caractère de même grosfeur que celui qui a fervi pour imprimer ce *Catholicon* & ce *Speculum Naturale*, laquelle revient à celle de notre gros Romain, mais de figure différente, c'eſt-à-dire que ce dernier eſt d'une forte de romain que nous appelons de la première taille, dans lequel on a confervé encore quelques lettres du premier goût, comme les P, les G capitaux, les d, les h & les r minufcules, & quelques-autres avec leur ancienne forme. Le fecond & le troifième volume de ce *Speculum Hiſtoriale* portent chacun la même foufcription faite avec les mêmes Capitales, & dont chaque mot est suivi d'un point. Celle du second volume porte : *Explicit secunda pars Speculi Historialis Vincentii impressa per Johannem Mentellin*, & ainsi du troisième. Le quatrième volume, qui ne se trouve point à Sainte Géneviève, mais qui est dans la Bibliothèque du Roi, lève le reste de la difficulté. Il est fait comme les trois premiers, à cette seule différence près, que la même souscription ajoute qu'il a été fait à Strasbourg par Jean Mentellin en 1473. Ainsi voilà ces quatre volumes du *Speculum Historiale* reconnus authentiquement pour avoir été faits par Mentellin, d'où il est naturel de conclure qu'il a aussi imprimé les deux premiers, qui sont le *Speculum Naturale*, d'abord sans aucune indication, puis avec une note qui apprend seulement son nom, & ensuite avec une souscription qui marque son nom, l'année & le lieu. Le changement de Caractère que l'on voit au *Speculum Historiale*, & dans la suite de cet ouvrage de Vincent de Beauvais, n'a rien qui puisse empêcher de lui attribuer les deux volumes du *Speculum Naturale*. On fait que les premiers Caractères étoient dans le goût de l'écriture du temps, demi-gothiques, mais que peu après Nicolas Jenfon inventa le Caractère romain, dont Mentel ou Mentellin (car c'eft le même) aura fait ufage dans la fuite de cet ouvrage, après avoir ufé fa première fonte à faire les impreffions de ce *Catholicon* & du *Speculum Naturale* dont nous parlons. Il ne feroit pas vraifemblable qu'il eût fait la fuite de cet ouvrage fans en avoir fait le commencement. Le Miroir Moral en deux autres volumes *in-fol.* & la fuite de cet ouvrage de Vincent de Beauvais, font également imprimés par Jean Mentel, premier Imprimeur de Strasbourg; par conféquent il y a tout lieu de croire qu'il a fait auffi ce *Catholicon* qui fe trouve femblable en tout, excepté feulement qu'il porte 67 lignes par colonne, & que ce *Speculum Naturale*, auffi fans date, n'en a que 66.

M. Chriftian Munden, Miniftre à Francfort fur le Mein, a auffi exercé fon zèle à l'occafion du Jubilé Typographique. Il a fait un Sermon, des prières & actions de graces, quelques pièces de vers, & un Traité historique & fort abrégé sur l'Imprimerie en général, & sur les Imprimeurs de Francfort en particulier, qui a été achevé & publié par M. de Klettenberg, suivi d'un Appendix par M. Schlotzhaver, le tout en un vol. *in-12.* imprimé en 1741, à Francfort en langue Allemande. Comme je n'entends point cette langue, non plus que quelques autres dans lesquelles ont été composées différentes pièces dont j'ai parlé, je me suis adressé à des personnes capables de m'en donner des extraits fidèles. M. Duby, Interprète de la Bibliothèque du Roi pour les langues du Nord, a bien voulu me faire une traduction littérale de quelques morceaux de ce Recueil. M. Bejot, attaché depuis long temps à cette célèbre Bibliothèque, m'a rendu les autres services dont j'avois besoin; & je ne puis publier avec trop de reconnoissance les obligations infinies que j'ai à M. l'Abbé Sallier, Garde de cette précieuse Collection, par rapport à la manière obligeante avec laquelle il a bien voulu se prêter à mes recherches, en me mettant à portée de faire un examen particulier de toutes les pièces qui étoient relatives à mon objet. Je dois les mêmes témoignages de reconnoissance aux bontés avec lesquelles M. le Président de Cotte & M. Gagnat m'ont ouvert leurs Cabinets, infiniment précieux par la rareté & par le choix des livres qui les composent. La partie historique de ce livre allemand ne renferme rien de nouveau, ce n'est qu'une compilation de ce qu'on avoit dit précédemment sur l'Imprimerie, & par conséquent une répétition de plusieurs des erreurs que je viens de relever. Mais ce qu'il renferme d'intéressant est un extrait exact en bon allemand, de la Pièce originale concernant le procès entre Guttemberg & Faust; Pièce qui a été une source féconde d'erreurs, parce qu'ayant été écrite dans l'année 1455 en langue vulgaire, qui est un mauvais allemand presqu'inintelligible aujourd'hui, ceux qui en ont parlé l'ont tout-à-fait mal comprise, comme Salmuth, dont l'exemple a induit en erreur ceux qui l'ont suivi, ainsi que le remarque M. Schwartz.

L'original de cette Pièce importante a été trouvé dans la fameuse Bibliothèque de M. d'Uffenbach : il a passé delà entre les mains du Pasteur Wolff; son frère Jean-Christian Wolff l'a inséré dans une compilation qu'il a faite : c'est un Recueil de toutes les pièces peu étendues sur l'Imprimerie, qui sont parvenues à sa connoissance, & qu'il a rassemblées en deux gros volumes in-8°. de douze cens pages au moins chacun, intitulés *Monumenta Typographica*, & imprimés à Hambourg en 1740. On pourroit avec raison appeler ce livre un Recueil de contrariétés Typographiques, pour la diversité étonnante des opinions qu'il renferme. Cependant M. Wolff voulant donner à cette Pièce toute l'authenticité dont il la jugeoit digne, l'a confrontée avec la copie qui se trouve dans l'ouvrage de Senckenberg qui a pour titre *Selecta juris & historiarum*, & avec un autre manuscrit intitulé *Copie d'un vieux instrument concernant le procès du Noble Jean Guttemberg, de la famille de Zumjungen, premier Inventeur de l'Imprimerie, au sujet des frais d'impression avec Jean Faust*. Ce dernier manuscrit a été tiré des papiers d'un des descendans de Fauft, nommé Jean-Frédéric Fauft, qui l'avoit copié en 1600 fur l'original même qui étoit confervé dans fa famille, d'où il avoit paffé, comme on l'a vû, dans la Bibliothèque de M. d'Uffenbach. Malgré toutes ces précautions, M. Munden, qui a donné l'extrait de cette Pièce en bon allemand, remarque qu'il s'eft gliffé dans l'impreffion de l'original qui fe trouve dans le Recueil intitulé *Monumenta Typographica*, quelques fautes qu'il fait connoître. C'eft d'après la confrontation exacte de ces pièces & fur les variantes qui font dans le Recueil de M. Wolff, que M. Duby a bien voulu faire avec le plus grand foin une traduction fidèle & littérale que je donnerai à la fin de cet article. Cette Pièce eft infiniment effentielle à l'hiftoire de l'Imprimerie ; elle s'accorde autant avec la vérité, que ce qu'on nous avoit dit jusqu'à présent s'en écartoit.

Reprenons la suite de notre Jubilé Typographique. M. Christian Gottlieb Schwartz, Professeur en l'Université d'Altorf, a fait à ce sujet trois Exercices publics, les 12 & 21 Novembre & le 7 Décembre 1740. Il nous donne une notice exacte & bien détaillée de toutes les éditions de Schoiffer ; mais sa science n'a plus la même étendue lorsqu'il s'agit de l'art même & de ses progrès, il s'en rapporte à ce qui a été dit avant lui. Une chose qui lui est propre, & dont personne ne s'étoit encore avisé, c'est de nous donner deux Pierre Schoiffer de Gernsheim distingués l'un de l'autre, tous deux exerçant à la fois l'Imprimerie avec Faust, l'un Clerc de la ville de Mayence, & l'autre domestique qui a épousé la fille de son maître. Il s'étend beaucoup sur ce point, & se glorifie même de ce que personne n'avoit fait cette réflexion avant lui. Il prétend prouver ce fait, par la raison que l'un est Clerc & l'autre marié ; que l'un ne peut avoir d'enfans, que l'autre en a ; que l'on voit dans certaines foufcriptions des premiers livres Schoiffer feulement, & dans d'autres Schoiffer Clerc ; qu'enfin Fauft appelle l'un *Puer*, ce qui ne peut convenir à l'autre. M. Schwartz a raifon de qualifier cette idée du titre de nouvelle, mais je doute qu'il ait également raifon de s'en glorifier. Ignoreroit-il qu'anciennement on appelloit *Clercs* ceux qui, cultivant les lettres, s'élevoient au deffus du commun ? ce qui a fait donner ce nom à certains Imprimeurs & à quelques Libraires. Qui difoit dans ce temps un grand Clerc, difoit un homme favant. *Nous appelâmes*, dit Pafquier *, *grand Clerc l'homme favant, mauclerc celui qu'on tenoit pour bête, & la fcience fut appelée Clergie*. Suivant le livre allemand dont j'ai parlé ci-deffus, un Clerc du Diocèfe de Mayence étoit auffi un homme autorifé du Juge pour faire dans l'étendue du Diocèfe les pièces d'écriture à produire dans les procès, ce qui pouvoit convenir fort bien

* Recherches de la France, Liv. VIII. Chap. 13.

à Schoiffer. Ainsi M. Schwartz doit voir par-là qu'il étoit très-possible que cet Artiste fût tout à la fois Clerc & marié. A l'égard du mot *Puer*, on a déjà remarqué qu'on ne doit pas le rendre ici par celui de *domestique*, comme dans la bonne latinité, mais par celui de *fils* ou *gendre*.

L'année 1740 produisit encore un traité sur l'Imprimerie intitulé *Typographia jubilans*, par M. Frédéric Chrétien Lesser. Ce n'est qu'une répétition des mêmes idées que nous avons déjà vûes, par conséquent il est inutile que je m'y arrête. M. Kohler, Professeur, a fait imprimer à Leipsik en 1741 une défense d'honneur pour Guttemberg, qui n'apprend également rien de nouveau. Il ne veut pas que l'on mette Coster au rang des Imprimeurs, en quoi il a raison ; il auroit pû ajoûter que Coster n'est qu'un être idéal dans l'Imprimerie, n'étant connu par aucune production certaine. Il veut plustôt que Coster ait été disciple de Guttemberg. Mais si cela est vrai, quelles sont ses productions ? quels vestiges en reste-t-il
qu'on

qu'on puisse lui attribuer avec certitude ? Ce sont-là de ces idées hazardées qui ne portent sur aucun fondement, non plus que celle qu'il débite d'après Arnold dans son Poëme sur l'Imprimerie, que Guttemberg inventa cet Art à l'occasion de son cachet. C'est aller chercher des causes extraordinaires & bien éloignées, tandis qu'il en existe de très-naturelles.

M. Engel, Bibliothécaire de Berne, a fait aussi des remarques sur l'Imprimerie, adressées aux Éditeurs du Journal Helvétique, en date du 25 Juillet 1741, & contenues dans une brochure de 32 pages *in-8°*. C'est un résultat de ce qu'il a lû dans quelques ouvrages qui traitent de l'Imprimerie, sans connoissances particulières sur cet Art. Il y dit que *Guttemberg travailla tantôt avec des Caractères de bois, tantôt avec des Caractères de fonte faits à la main, jusqu'à ce que par son procès avec Faust il fut dépouillé de son Imprimerie, de son bien & presque de l'honneur de l'invention..... Après cela Schoiffer inventa enfin les matrices.* M. Engel auroit bien dû nous

G

expliquer ce que c'est que *des Caractères de fonte faits à la main*, & à quoi servoit cette nouvelle invention de matrices par Schoiffer, puisque Guttemberg, selon lui, travailloit en Caractères de fonte. J'ai déjà fait voir ce que l'on doit penser là-dessus, & nous verrons bientôt quel est ce prétendu *dépouillement* de Guttemberg.

Quelques autres Auteurs qui ont écrit sur l'Imprimerie, ont eu des idées semblables à celles que nous venons de remarquer : les avoir réfutées dans un Auteur, c'est les réfuter partout où elles se trouvent ; c'est pourquoi je ne ferai pas mention de leurs écrits.

Il y a dans la Bibliothèque d'Upsal en Suède un livre curieux, contenant les quatre Évangiles en langue des Goths & en Caractères gothiques, dont la traduction est attribuée à Ulphilas : M. Ihre, Professeur d'Éloquence à Upsal, en a fait le sujet d'une Dissertation latine intitulée, *Ulphilas illustratus*, qu'il publia dans cette ville en 1752.

Ce livre, précieux par son antiquité,

est en lettres d'or & d'argent sur vélin ; il a toûjours été regardé comme manuscrit. M. Ihre prétend au contraire qu'il est imprimé par un art particulier ; ce qui devient curieux, & mérite d'être examiné.

Ulphilas étoit Évêque des Goths en Mœsie vers 370. On croit que c'est lui qui inventa les Caractères gothiques, & qui fit la traduction de la Bible en langue des Goths. Cet exemplaire des quatre Évangiles est écrit en cette langue & avec cette sorte de Caractères : ce n'est pas le gothique dont Schoiffer s'est servi pour le Pseautier de 1457, & que nous voyons employé dans les inscriptions de nos anciens monumens, mais un Caractère particulier, dit *gothique d'Ulphilas*. Celui de ce livre revient pour la grosseur à notre *petit Canon*. Voici en substance le sentiment de M. Ihre sur le méchanisme par lequel cet ouvrage a été exécuté.

» Ce livre d'Ulphilas, en Caractères
» d'argent, n'est point écrit avec un ro-
» seau ni avec une plume, mais il est
» certain que les lettres y ont été im-

» primées avec un fer chaud. Pour appuyer cette opinion, M. Ihre rapporte que » les Anciens avoient un
» genre d'écriture qu'ils appeloient *en-*
» *cauſtique*, art qui eſt tombé dans
» l'oubli. Ce nom d'encauſtique ſuffit
» (dit-il) pour faire voir qu'on ſe ſervoit
» d'un fer chaud pour marquer les let-
» tres ſur le parchemin. Les Peintres
» (ajoute-t-il) avoient une manière de
» peindre qu'ils appeloient auſſi en-
» cauſtique, d'où il conclud que ce li-
» vre eſt imprimé avec un fer chaud;

» 1°. Parce que les lettres préſentent
» une ſurface concave d'un côté de la
» feuille & convexe de l'autre, & cela
» ſi ſenſiblement, qu'on en ſent la figure
» ſous le doigt.

» 2°. Parce que les feuilles ſont uſées
» dans certains endroits, & ces en-
» droits ſont ceux où le fer a été impri-
» mé trop fort ou trop chaud, de façon
» qu'on n'y voit quelquefois que des
» fragmens de lettres, & d'autres fois
» que le trou ſeulement, lequel a con-
» ſervé la forme de la lettre qui y étoit
» repréſentée.

» 3°. Les lettres sont si ressemblantes, qu'il n'y a point de traits qui ne se trouvent partout, ce qui fait croire qu'elles ne sont point faites à la main, mais formées par un type.

» 4°. Il y a sous les lames d'or & d'argent une mixtion d'huile, de cire ou de colle pour les rendre adhérentes, ce qui auroit absorbé les traits de la plume, & empêché par conséquent d'écrire.

» 5°. Il se trouve par fois quelques lettres transposées, ce qui vient du copiste qui a posé un moule pour l'autre.

» 6°. La couleur se trouve effacée dans une partie des lettres, & l'on voit encore des parcelles d'or & d'argent dans le sillon qui reste ; ce qui vient de ce que la lettre a été marquée avec un fer chaud, & que la place étoit trop sèche lorsqu'on y a appliqué la lame d'or ou d'argent.

Enfin M. Ihre a remarqué » qu'on employoit ordinairement cette couleur de pourpre avec les lettres d'or & d'argent, & que l'on a conservé

« le nom d'encaustique pour la couleur
» de pourpre. Les Empereurs de Cons-
» tantinople défendirent sous des pei-
» nes, d'employer cette écriture encaus-
» tique ou cette couleur de pourpre
» dans les ouvrages ordinaires ; elle
» étoit réservée pour les livres saints,
» suivant le témoignage du P. Mabil-
» lon, qui rapporte dans sa Diploma-
» tique, *page 43*, que S. Boniface
» écrivant à l'Abbesse Eadburga, lui mar-
» que que la Sainte Bible est le seul li-
» vre qui ait été écrit en lettres d'or &
» en couleur de pourpre. S. Jérôme dit
» aussi dans sa préface sur Job, que ce
» genre d'écrire étoit consacré. *Conserve qui voudra, dit-il, ces anciens livres écrits en or & en argent sur du vélin couleur de pourpre, ou, comme on dit, en lettres onciales, qui sont plustot des fardeaux que des livres, pourvû qu'on me permette à moi & aux miens d'avoir seulement des livres simples & moins recommandables par leur beauté que par leur correction.*

Je connois un manuscrit dans le goût de celui-ci, aussi ancien & fait égale-ment avec des lettres onciales en or &

en argent & à peu près de même grosseur, dont l'examen va nous éclaircir en partie les remarques de M. Ihre. C'est un Pseautier grand in-4°. conservé dans la Bibliothèque de S. Germain des Prés, où je l'ai vû. La tradition rapporte qu'il a servi à Saint Germain, par conséquent il est du cinquième siècle au plus tard.

Ce livre est en vélin couleur de pourpre, les lettres du texte sont en argent, effacées pour la pluspart en tout ou en partie ; les autres sont en or, assez bien conservées, & le tout ressemble assez à la description que M. Ihre fait du livre des Évangiles. Cependant c'est un manuscrit, qui à la vérité n'est point écrit avec la plume ni avec le roseau, parce que ces instrumens ne sont pas propres à fixer des feuilles d'or & d'argent sur le vélin, mais par d'autres moyens particuliers à cet usage.

Pour fixer de l'or & de l'argent en feuille sur du vélin, on se servoit dans ce temps-là comme à présent d'un mordant propre à assujétir ces lames. La mixtion que M. Ihre a reconnue, est assez semblable au mordant dont on se sert aujourd'hui. C'est un bol composé d'huile, d'ocre ou de sanguine, & d'autres ingrédiens amalgamés, dont on fait une couche sur laquelle l'or est posé & s'attache. La feuille d'or, qui étoit plus épaisse alors qu'on ne la fait à présent, jointe à cette couche de bol, occasionnoit une élévation assez sensible pour être reconnue au toucher dans ces anciennes dorures. Cet or ainsi appliqué étoit bruni avec la dent de loup, ou avec quelque autre instrument dur & poli, ce qui produisoit nécessairement une petite incrustation de la lettre dans le vélin. C'est ainsi qu'ont été faits les petits enfoncemens dont on voit encore les traces dans les lettres effacées du Pseautier des Bénédictins, dont les feuilles sont très-minces : ces lettres d'ailleurs sont parfaitement semblables & très-bien formées ; ce qui n'a rien d'étonnant pour ce temps-là, parce qu'il y avoit des Artistes dont la main sûre & exercée étoit faite à ce travail.

On voit encore dans la même Bibliothèque un autre manuscrit aussi en vélin couleur de pourpre & en lettres d'or, bien conservé, contenant des fragmens des Évangiles de S. Matthieu & de S. Marc ; mais l'or paroît avoir été appliqué au pinceau & non en feuilles mattes, ce qui prouve que les Anciens avoient plusieurs manières d'employer l'or dans les manuscrits.

Parmi le nombre de ceux que j'ai vûs à la Bibliothèque du Roi, où l'or est employé tant dans certaines lettres que dans les ornemens, il y a un très-bel exemplaire d'une Bible latine faite pour Charles le Chauve Roi de France, dans lequel j'ai observé cette différente manière d'employer l'or. Ce livre est en vélin, les premières feuilles sont couleur de pourpre ; on y voit écrits en lettres d'or des vers latins en l'honneur du Roi. Ces lettres paroiffent avoir été faites au pinceau ; celles qui forment les titres & les premiers mots du texte, sont d'or en feuille & brunies, ainsi que les ornemens. Il n'est point rare de trouver l'or employé dans les manuscrits anciens. J'ai moi-même quelques feuilles d'un vieux Pseautier gothique manuscrit, où l'or qui sert à former les lettres de chaque verset & les ornemens qui encadrent les pages, est aussi brillant que s'il venoit d'être appliqué.

Tout ceci a trait au passage de S. Jérôme cité ci-dessus à l'occasion des livres écrits en or & en argent sur des feuilles couleur de pourpre, & paroît convenir au livre des Évangiles décrit par M. Ihre. S'il n'y a point d'exagération dans la description que cet Auteur nous en donne, & que les lettres soient aussi enfoncées qu'il le dit, on pourroit bien accorder qu'elles ont été faites par empreinte, mais ce ne sera certainement point en encaustique, comme il le croit. La raison n'admet point l'application d'un fer chaud sur des feuilles volantes de vélin, sans qu'elles ne se retirent en tous sens. Je laisse à penser la figure qu'auroit une de ces feuilles, après qu'on auroit posé dessus onze ou douze cens fois un fer chaud de l'un & de l'autre côté. M. Ihre a mal appliqué l'idée d'encaustique qui l'a frappé, & à laquelle il s'est trop légèrement arrêté. L'encaustique que les Anciens employoient dans leurs tableaux, n'est point analogue à aucune façon d'écrire ; ils faisoient, pour ainsi dire, cuire ou brûler la cire & la couleur sur les tableaux après qu'ils étoient faits *. Ce n'est donc par aucun de ces méchanismes que ce livre auroit été imprimé, mais plutôt avec des lettres de bois appliquées à froid. Ce qui peut rendre cette conjecture plus vraisemblable, c'est qu'on a remarqué sur d'anciens manuscrits des ornemens peints en miniature, dont le trait qui avoit servi de guide laissoit sur le vélin une légère empreinte, que l'on a aperçûe lorsque la couleur a été enlevée. Ce trait étoit pour ces Peintres ou Enlumineurs d'un très-grand secours & d'une prompte exécution dans les objets souvent répétés : une petite planche ainsi gravée au trait leur fournissoit d'un seul coup les contours du dessein par une simple application.

Je ne m'arrêterai point à discuter

* On peut consulter au sujet de cet article les observations que M. le Comte de Caylus a faites sur cet art des Anciens, ou l'Encyclopédie au mot *Encaustique.*

ce que rapportent quelques Auteurs qui n'ont parlé de l'Imprimerie que par occasion, comme Vigneul-Marville, Moréri, Furetière & quelques autres; leur état & leurs occupations ne permettoient pas qu'ils parlassent savamment de certaines parties sujettes à des discussions dans lesquelles d'ailleurs ils ne pouvoient entrer, parce qu'ils manquoient de connoissances particulières sur l'art même dont ils parloient. Aussi se sont-ils contentés de copier ce qu'on avoit écrit avant eux sur ce sujet. Furetière, par exemple, a suivi le P. Jacob, en disant au mot *Imprimerie : Les premiers livres imprimés qu'on ait vûs en Europe, sont un* Durandus de Ritibus Ecclesiæ, *de l'année 1461, & une Bible de 1462,* &c.

Moréri dit, en parlant de Jacques de Sanlecque premier de ce nom, qu'il grava les Caractères Syriaques, Samaritains, Arméniens, Chaldéens & Arabes, pour la Bible Royale faite à Anvers. Cette Bible fut imprimée par Plantin en 1569. Jacques de Sanlecque ne pouvoit avoir alors qu'environ dix ou onze ans, étant mort en 1648 dans sa 90 année, suivant Moréri même. Vigneul-Marville avance que Vitré jeta au feu tous les Caractères de la Polyglotte, pour rendre ce livre plus rare & empêcher qu'il ne fût réimprimé. Dom Bonaventure d'Argonne, Chartreux, qui s'est caché sous ce nom, ne savoit pas qu'une partie des poinçons & des matrices qui avoient servi pour ce grand ouvrage, appartenoient au Roi qui les avoit fait acheter de la succession de M. de Brèves, Ambassadeur à la Porte; par conséquent Vitré n'étoit pas le maître d'en disposer; d'ailleurs, jeter des poinçons & des matrices au feu est une idée plus que singulière. Il en est de même de plusieurs autres Auteurs qui n'ont parlé de l'Imprimerie qu'en passant, & dont il seroit inutile de faire mention.

On devoit s'attendre à trouver quelque chose de mieux dans différentes lettres sur l'Imprimerie faites par un Imprimeur de Paris, & qui ont été insérées dans plusieurs Mercures de 1753; mais j'ai vû avec étonnement qu'il n'a fait que puiser dans quelques-uns des ouvrages dont nous venons de parler, des traits peu propres à faire honneur à sa critique. Au sujet de la Bible de 1462, qui porte pour souscription qu'elle est imprimée & non faite à la plume, il dit que Fauſt la vendit pour manuscrite, & qu'il fut pris pour un Magicien. *Ils ne balancèrent point*, ce sont les termes dont il se sert en parlant de ceux qui en avoient acheté, *à l'accuser de magie : l'accusation fut portée en Justice réglée, & Fauſt se trouva fort heureux de pouvoir s'évader.* En 1462 l'Imprimerie, comme je l'ai fait remarquer, avoit déjà fourni huit gros volumes *in-fol.* dans l'espace d'une quinzaine d'années, sans compter cette Bible qui est en deux volumes ; mais c'est ce qu'apparemment l'Auteur ignore, autrement il faudroit supposer qu'il auroit bien du penchant à croire aux Sorciers. Si l'on veut encore s'en rapporter à lui, l'on mettoit en prison ceux qui alloient à Harlem pour y apprendre l'Imprimerie, dans un temps où cet art étoit déjà exercé publiquement dans plusieurs villes de l'Europe ; & pour augmenter le merveilleux, il rapporte que l'on donna des gardes à

Corselle, ce prétendu ouvrier enlevé à grands frais à Guttemberg, & cela de peur qu'il ne s'enfuît d'Angleterre, pendant que dans ce temps même trois ouvriers Allemands, Gering, Crants, & Friburger, viennent à la fois s'établir tout naturellement à Paris sur la simple requisition d'un Prieur de Sorbonne. Il dit au sujet de Fauſt & de Guttemberg qu'ils se brouillèrent en 1455 à *Strasbourg*, où jamais ils n'ont été enſemble. En parlant de l'Imprimerie, il s'écrie : *Avec quel honneur cet Art fut-il traité.... ſous les Coſter à Harlem !* Ce Coſter, comme on l'a vû, n'a jamais rien produit, & l'on ne connoît abſolument rien de lui parmi les monumens de la Typographie. Nous venons de voir que quelques Écrivains, dont l'état ne ſuppoſoit pas une connoiſſance parfaite de l'Imprimerie, ſe ſont trompés en prenant quelques parties pour le tout. Notre Auteur les ſuit néanmoins, quoique Maître en cet Art, & dit que nos premiers Imprimeurs firent des Caractères de *laiton & de fer*. Je crois qu'on l'embarraſſeroit beaucoup en lui demandant par quel méchanifme. Au refte, cette dénomination de Caractères de *laiton* lui eft réfervée en particulier, & n'appartient qu'à lui feul : c'eft une petite addition au ridicule des *lettres de cuivre façonnées au couteau*. Car on n'entend par laiton que du cuivre réduit en lames minces, nullement propre par conféquent à rendre la figure des premiers Caractères connus, dont la groffeur revient à celle de notre petit Parangon, & de notre petit & gros Canon, qui font au moins une fois plus épais que le plus fort laiton. Cette Bible de 1462 que l'Auteur cite, eft regardée par les Artiftes & les Connoiffeurs comme un ouvrage admirable par la hardieffe de la gravure des Caractères & par la propreté de l'impreffion. Il dit au contraire qu'ils *doivent paroître INFORMES & GROSSIERS en comparaifon des nouvelles perfections de cet Art*. Et c'eft un Imprimeur qui tient ce langage !

Mais un ouvrage plus mal fait encore eft un *Mémoire fur l'Origine de l'Imprimerie*, que M. de V. Architecte,

de

de la Société Royale de Londres, vient de rendre public dans le Journal Œconomique du mois de Mars 1758. Cet Auteur n'a pas la plus légère idée de l'Art ni de l'Histoire Typographique, & cependant, chose étonnante, il décide. Il attribue à Coster de Harlem la fabrique des cartes à jouer, qui servirent, dit-il, *à lui donner l'idée de faire en figures les sept péchés mortels, avec deux vers flamands au bas de chaque planche*, & cela sans citer aucune autorité ni donner la moindre preuve. Il a *vû un* SPECULUM SALVATIONIS HUMANÆ *plus grand que celui que l'on voit en Sorbonne......d'une plus grande antiquité*, mais il ne nomme pas l'endroit où il l'a vû. *Coster mourut*, selon lui, *sans perfectionner ses Caractères mobiles*. FUSTGENSFLEISCH *emporta cette invention & ces Caractères à Mayence, où il s'associa avec Schoiffer & Jean Guttemberg. Les premiers livres qu'ils imprimèrent furent un Pseautier, puis la Cité de S. Augustin & les Offices de Cicéron, imprimés en Caractères* RONDS OU ROMAINS....*ensuite Faust imprima une*

H

Bible en Caractères gothiques, dont il envoya des exemplaires à Paris en 1470, par Ulric Guering, Martin Krantz et Michel Friburger, pour les faire passer pour manuscrits.... Ces vendeurs furent pris pour des sorciers, puis poursuivis comme survendeurs, ensuite déchargés par le Parlement. Il met *Colinés* pour de Colines exerçant l'Imprimerie à Paris après Rob. Étienne qu'il fait demeurer rue S. Jacques. Étienne étoit beau-fils & élève de Simon de Colines & demeuroit rue S. Jean de Beauvais. Ce n'est pas tout, il a *un Pseautier in-8°. en Caractères ronds ou romains, sans date ni frontispice*, dont il dit : *j'ose assurer qu'il est un de ceux qui sortirent des premières épreuves de Faust.* Quelques recherches qu'il ait faites, *il n'a pû en trouver aucun autre qui pût lui disputer pour l'antiquité*, &c. Ce Mémoire, comme on le voit, ne mérite pas une critique sérieuse. Je dirai seulement qu'il y a des *Speculum* d'un plus grand format que celui de Sorbonne, mais ils sont en Caractères de fonte, & de beaucoup postérieurs à ce dernier. Nous avons vû des Auteurs partager, pour ainsi dire, Guttemberg & Schoiffer, & faire de chacun d'eux jusqu'à trois personnes différentes : M. de V...... tombe dans un excès tout opposé ; il confond deux hommes ensemble pour n'en faire qu'un ; tel est ce *Fustgensfleisch* qui emporta, suivant lui, les Caractères de Coster. Les idées qu'il a sur la chronologie des premières impressions ne sont pas plus nettes ; il met les dernières avant les premières, & dit qu'elles sont en Caractères romains, puis il admet après ces livres le Caractère gothique dans une Bible latine qu'il fait apporter à Paris en 1470 par Ulric Gering & ses deux associés, pour être vendue comme manuscrite, ce qui les fait poursuivre en Justice comme sorciers, 25 ans après l'Origine de l'Imprimerie. Son Pseautier *in-8°. en Caractères romains* doit être une pièce curieuse, puisqu'il assure qu'elle est *sortie des premières épreuves de Faust*, qui n'a jamais rien fait dans ce format ni avec ce Caractère. Je ne suis pas surpris qu'un Architecte soit tombé

H ij

dans de pareilles erreurs en parlant de l'Histoire Typographique; mais ce qui m'étonne, c'est qu'après trois siècles révolus de l'exercice d'un Art si utile, on soit en général si peu instruit de ce qui concerne son origine & ses progrès.

C'est pour jeter un nouveau jour sur cette partie historique, que je vais joindre ici la traduction fidèle de la pièce originale qui nous reste du procès entre Guttemberg & Faust, dont Prosper Marchand n'a donné qu'un précis qui ne suffit pas.

TRADUCTION LITTÉRALE

D'une Pièce originale en ancien Allemand, concernant le Procès entre Guttemberg & Faust.

Au Nom de Dieu, ainsi soit-il. Soit notoire à tous ceux qui verront ou entendront lire cet Acte public, que l'an de la naissance de Jesus-Christ notre Seigneur 1455, Indiction troisième, un Jeudi, sixième jour du mois nommé en latin No-

vember, *la première année du Couronnement de notre très-Saint Père & Seigneur, le Seigneur Calixte III, par la providence divine Pape, entre 11 & 12 heures du matin, à Mayence, dans la grande Salle des Moines Déchauſſés, en préſence de moi Écrivain public & des témoins nommés ci-deſſous, s'eſt préſenté en perſonne l'honnête & prudent* JACQUES FAUST, *Bourgeois de Mayence, & de la part de* JEAN FAUST *ſon frère, qui étoit auſſi préſent, a produit, dit & déclaré, qu'entre ledit* JEAN FAUST *ſon frère d'une part, &* JEAN GUTTENBERG *de l'autre, un jour certain à cette heure d'aujourd'hui avoit été nommé, marqué & fixé dans ladite Salle dudit lieu audit Jean Guttenberg, pour voir & entendre ledit Jean Fauſt prêter le ſerment à lui ordonné & impoſé, ſelon le contenu & la teneur du jugement entre les deux parties ; & afin que les Frères dudit Couvent, encore aſſemblés dans la Salle dudit lieu, ne fuſſent point moleſtés ni interrompus, ledit Jacques Fauſt fit dire par un meſſager dans la ſuſdite Salle, que ſi Jean Guttenberg,*

H iij

ou quelqu'un de sa part, étoit dans le Couvent pour le sujet susdit, il eût à se présenter. Après un tel message & demande, vinrent dans ladite Salle l'honnête Sieur HENRY GUNTHER, ci-devant Curé à S. Christophe de Mayence, HENRY KEFFER & BECHTOLD de Hanau, serviteur & valet dudit Jean Guttenberg; & après que ledit Jean Faust leur eût demandé ce qu'ils faisoient-là & pourquoi ils y étoient, s'ils avoient aussi pouvoir dans cette affaire de la part de Jean Guttenberg, ils répondirent en général & en particulier, qu'ils étoient envoyés par le NOBLE* Sieur JEAN GUTTENBERG, pour entendre & voir ce qu'on feroit dans cette affaire. Ensuite Jean Faust protesta & témoigna que, voulant se conformer à l'Ordonnance, il étoit venu, s'étoit assis & avoit aussi attendu après Jean Guttenberg son adverse partie jusqu'à 12

---

* Cet endroit où Guttemberg est qualifié de NOBLE, & sa retraite auprès d'Adolphe de Nassau, Electeur de Mayence, au service duquel il mourut, prouvent bien clairement ce que j'ai dit, qu'il n'étoit point Artiste, mais seulement homme intelligent & curieux, qui cherchoit à faire des découvertes & à former des entreprises, toutes choses qui s'allient parfaitement avec la Noblesse.

heures, & qu'il l'attendoit encore, lequel ne s'étoit point présenté en personne à cette affaire. Il se montra prêt à satisfaire au jugement rendu sur le premier article de sa demande selon son contenu ; qu'il fit lire de mot à mot avec sa prétention & réponse, dont voici la teneur : *Et comme Jean Faust avoit promis audit Jean Guttenberg, ainsi qu'il est premièrement compris dans le billet de leur convention, qu'il avanceroit à Jean Guttenberg 800 florins en argent pour certain, avec lesquels il acheveroit l'ouvrage, & s'il en coutoit plus ou moins, cela ne le regarderoit pas, & que Jean Guttenberg lui donneroit de ces 800 florins 6 florins par cent d'intérêt. Or il a emprunté pour lui ces 800 florins à intérêt, & les lui a donnés, dont Guttenberg n'étant pas satisfait, s'est plaint qu'il n'avoit pas encore assez de ces 800 florins. Ainsi, ayant voulu le satisfaire, il lui a donné, outre les premiers 800 florins, 800 autres, de sorte qu'il lui a avancé 800 florins plus qu'il n'étoit obligé en vertu du billet susdit, & qu'ainsi il lui avoit fallu donner 140 florins d'inté-*

rêt des 800 florins qu'il lui avoit avancés en dernier lieu. Et quoique le susdit Jean Guttenberg se fût obligé par le susdit billet à lui donner 6 florins pour cent d'intérêt des premiers 800 florins, néanmoins il n'a rien payé dans aucune année, mais il a fallu qu'il payât lui-même ledit intérêt, ce qui monte de bon compte à 250 florins; & comme Jean Guttenberg ne lui a jamais payé cet intérêt, savoir les 6 florins des premiers 800 florins, non plus que l'intérêt des 800 derniers, & qu'il a été obligé lui-même d'emprunter ensuite cet intérêt parmi les Chrétiens & les Juifs, & d'en donner 36 florins de bon compte pour la recherche, ce qui monte ensemble, avec l'argent principal, à 2020 florins pour certain, il lui demande présentement qu'il lui paye le tout sans qu'il en souffre de dommage. A cela JEAN GUTTENBERG a répondu que Jean Faust lui avoit donné 800 florins, afin de préparer & faire ses ustensiles avec cet argent, à condition qu'il se contenteroit de cette somme, & l'employeroit à son utilité; que les outils seroient engagés au susdit Jean Faust, & que celui-ci lui donneroit annuellement 300 florins pour les frais, comme aussi pour les gages des domestiques, le loyer, le chauffage, le parchemin, le papier, l'encre, &c. que si à l'avenir ils ne s'accommodoient point, il lui rendroit ses 800 florins, & ses outils seroient dégagés; bien entendu qu'il acheveroit l'ouvrage avec l'argent qu'il lui avoit prêté sur ses gages, & il compte qu'il n'a pas été obligé d'employer ces 800 florins à la fabrique des livres* ; & quoiqu'il soit aussi fait mention dans le billet, qu'il lui donneroit 6 par cent d'intérêt, Jean Faust lui a néanmoins promis de ne lui point demander cet intérêt. De plus, ces 800 florins ne lui ont pas été payés, selon la teneur du billet, tous & à la fois, comme il le prétend dans le premier article de sa demande; & à l'égard de ces derniers 800 florins, il s'offre à lui en rendre compte. Il ne lui en accorde non plus aucun intérêt ni usure, & il es-

---

* Cela veut dire que Guttemberg n'ayant reçû les premiers 800 florins que pour avoir les ustensiles de cette nouvelle impression, qui est faite avec de nouveaux Caractères, lesquels demeuroient à cet effet engagés pour la sûreté de la somme, & ces ustensiles ou Caractères ayant été faits avec ladite somme, il n'a pû entendre qu'on l'obligeroit encore de prendre sur ces mêmes 800 florins les autres frais de l'impression.

père qu'il ne sera point obligé en Justice de le faire ; comme il a été présenté par la demande, la réponse, la replique, la redite, & plusieurs autres paroles, &c. AINSI NOUS PRONONÇONS EN JUSTICE : Quand JEAN GUTTENBERG aura rendu son compte de toutes les recettes & dépenses qu'il a faites pour l'ouvrage au profit commun, ce qu'il aura reçû de plus en argent au pardessus, sera compté dans les 800 florins ; mais s'il se trouve dans le compte, que Faust lui a donné quelque chose de plus de 800 florins, qui n'auroit pas été employé pour leur profit commun, il le lui rendra aussi; & si JEAN FAUST prouve par serment, ou autre preuve valable, qu'il a pris le susdit argent à intérêt, & qu'il ne l'a pas donné de sa propre bourse, Jean Guttenberg lui payera aussi ledit intérêt, selon la teneur du billet. Ledit Jugement, comme nous venons d'entendre, ayant été lû en présence des susdits Sieurs Henry, &c. Henry & Bechtold, serviteurs dudit Jean Guttenberg, le susdit Jean Faust prêta serment, dit & assura, les doigts posés sur les Saints, en la main de moi Écrivain public, que tout ce qui étoit compris dans un billet, selon la teneur du Jugement, qu'il me remit alors, étoit entièrement vrai & juste, ainsi que Dieu lui soit en aide & les Saints. La teneur du billet susdit est ainsi mot à mot : Je, JEAN FAUST, ai emprunté quinze cens cinquante florins, qui ont été remis à Jean Guttenberg, & qui ont été employés à notre ouvrage commun : il m'en a fallu donner annuellement intérêt & usure, & j'en dois encore une partie ; ainsi je lui compte pour chaque cent florins que j'ai empruntés, comme il est dit ci-dessus, six florins annuellement de l'argent que j'ai emprunté, & qu'il a touché, qui a été employé à notre ouvrage commun, & qui se trouve dans le compte ; je lui en demande l'intérêt, selon la teneur du Jugement ; & pour preuve que cela est ainsi, je veux m'en tenir, comme il est juste, à la teneur du Jugement rendu sur le premier article de la demande que j'ai faite audit Jean Guttenberg. De tout ce que dessus, ledit Jean Faust m'a demandé à moi Écrivain public un ou plusieurs actes publics, autant & tant de fois qu'il en auroit besoin ; & toutes les choses susdites se sont passées dans l'année, Indiction, jour, heure, Papauté, Couronnement, mois & lieu nommés ci-dessus, en présence d'honnêtes personnes, Pierre Grantz, Jean Kislen, Jean Knopff, Jean Iseneckh, Jacques Fauft, Bourgeois de Mayence, Pierre Girnsheim, & Jean Bonne, Clercs de la ville & évêché de Mayence, demandés & requis particulièrement pour témoins. Et moi ULRIC HELMASPERGER, Clerc de l'évêché de Bamberg, Écrivain public par autorité Impériale, & Notaire Juré du Saint Siège à Mayence, vû que j'ai assisté avec tous les témoins susdits, & que je les ai aussi entendus, pour cet effet j'ai fait écrire par un autre cet Acte public, que j'ai signé de ma propre main, & y ai fait apposer ma marque ordinaire, en ayant été requis pour témoignage de la vérité de toutes les choses susdites.

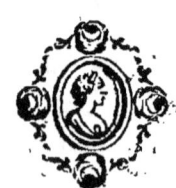

SECONDE PARTIE.

Du droit qu'ont, ou prétendent avoir, plusieurs Villes à l'Invention de l'Imprimerie.

ENTRE les Villes qui se sont attribué la gloire d'avoir donné naissance à l'Art Typographique, trois principalement ont soûtenu leurs prétentions avec des raisons plus ou moins apparentes, qu'il est bon d'examiner. Ces trois villes sont Harlem, Strasbourg & Mayence.

La ville de Harlem a pour elle le témoignage de plusieurs Ecrivains de la même nation, des monumens conservés avec soin comme des preuves évidentes d'un premier exercice de la Gravure en bois, une tradition constante qui fait regarder ces monumens comme des productions de cette ville, enfin deux Inscriptions, l'une mise sur la porte de la maison de Coster, l'autre sous sa statue, que l'on regarde comme des

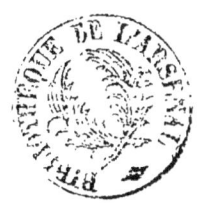

marques certaines de l'époque de cette invention. Examinons ces prétendues preuves.

Quant aux Auteurs cités, nous venons de voir le fond que l'on doit faire fur leurs récits. Ce n'eft qu'après que cet Art a été exercé pendant plus de 130 ans, & lorfqu'une autre ville jouiffoit paifiblement de l'honneur de cette invention d'après des faits certains & fubfiftans, que l'on vient revendiquer cette invention pour en donner la gloire à Harlem, & cela fur des contes de vieillards, fur des preuves équivoques, fur des hiftoriettes ridicules, & fur des contradictions marquées. Des vieillards que l'on ne nomme point, à qui on ne donne ni titres ni états qui puiffent autorifer leur témoignage, ne doivent point être crus fur leur fimple récit, par rapport à des faits arrivés long-temps avant eux, dans des chofes où l'on ne voit point qu'ils fuffent initiés, & fur lefquelles au contraire on leur fait débiter les plus grandes inepties ; car peut-on rien de plus ridicule que de leur faire raconter qu'un domeftique enleva, pendant le temps d'une Meſſe de minuit, tous les inſtrumens du prétendu héros de la Typographie, accident qui l'oblige de paſſer le reſte de ſes jours dans l'inaction, mais qui dans tout autre n'auroit fait qu'augmenter l'émulation & réveiller l'induſtrie. On ſoutient une mauvaiſe cauſe, lorſque l'on eſt réduit à de pareils moyens.

Ces Auteurs s'accordent tous à ne reconnoître qu'un ſeul homme, de la tête duquel ils veulent faire ſortir cette invention, cependant ils ne ſont point d'accord ſur ſon nom ; les uns le nomment Laurent Jean, d'autres Laurent Janſſon, ou Laurent Coſter. Le mot *Cuſter* en Allemand ſignifie Sacriſtain : on en a fait ſans doute le nom de ce prétendu Inventeur. En effet, dit-on, il étoit Sacriſtain de l'égliſe de Harlem, *Charge qui a été long-temps héréditaire dans ſa famille*. Voilà donc un Sacriſtain, ou Concierge, comme d'autres diſent, ſans grade dans le Deſſein, dans la Peinture ni dans la Sculpture, inconnu à la poſtérité par rapport à ces parties ; le voilà, dis-je, devenu tout à coup malgré cela Inventeur de l'Art de deſſiner & de graver des images en taille de bois, & d'imprimer des livres; car Boxhorn nous le repréſente, dans ſon Théâtre de la Hollande, comme *ayant jeté les premiers fondemens de l'Imprimerie à la campagne où il étoit, vers 1420, en taillant des lettres ſur du bois de hêtre, dont il fit l'eſſai ſur du carton... puis il imprima le* SPECULUM SALUTIS, ajoute-t-il. Or ce livre contient 58 grandes vignettes *in-fol.* aſſez bien deſſinées pour le temps & très-hardiment gravées : il a donc inventé ces deux objets à la fois. Mais ce qu'il y a de merveilleux, c'eſt qu'en voulant lui donner la gloire de l'invention de l'Imprimerie, on lui fait perdre ſon objet de vûe pour lui faire fabriquer des images inutiles à ſon projet, & on le fait paſſer tout de ſuite des premiers & informes eſſais de lettres imprimées ſur du *carton* (d'autres auroient dit ſur du papier, pour rendre la choſe plus vraiſemblable) à la perfection de la gravure en figures. Quand on bâtit ſur de pareils fondemens, l'édifice eſt bien près de s'écrouler.

ler. L'inspection simple de cet ouvrage prouve évidemment que ce n'est pas un seul & même Artiste qui l'a fait. On aperçoit au premier coup d'œil que les 58 vignettes portent des marques de service par des cassures faites aux différens traits qui les bordent ; elles ont été imprimées par un méchanisme étranger à l'Imprimerie, c'est-à-dire qu'on a tiré l'empreinte de ces vignettes en passant avec force un instrument dur & poli sur le revers du papier, ce qui est cause que ce papier est lissé en ces endroits. Le Caractère qui se trouve au dessous en planches fixes, est d'une couleur plus ou moins grise que la vignette ; il est posé inégalement & imprimé par une seconde opération. D'autres feuilles sont imprimées en Caractères mobiles & de couleur noire, par le moyen de la presse; toutes opérations différentes & postérieures les unes aux autres, qu'on ne peut ni ne doit attribuer à Coster, n'ayant aucunes marques de temps, de lieu ni d'artistes. Ces vignettes sont trop hardiment exécutées pour être le com-

I

mencement de l'art, elles annoncent une forte de perfection, du moins quant à la coupe du bois. Si Coster eût voulu inventer l'art d'imprimer les livres, il se seroit écarté de son but en employant un temps considérable à l'étude & à la pratique de parties inutiles à son objet ; & s'il eût été assez adroit pour faire ces vignettes ou estampes, il auroit été aussi assez intelligent pour les imprimer en mêmetemps avec le Caractère par un seul & même méchanisme, cela ne demandoit point un grand effort d'imagination.

Il est vraisemblable que ces 58 vignettes ont été faites par quelqu'un de ces graveurs en bois qui exerçoient leur art en Allemagne, ou même à Harlem, avant l'origine de l'Imprimerie, à dessein de faire écrire au dessous l'explication des figures, comme je l'ai vû dans un exemplaire de ces anciennes gravures en bois représentant l'histoire de S. Jean. Les planches occupent les pages entières, & entre chaque estampe il y a un feuillet du même papier portant les mêmes marques, qui contient une explication du fujet, & qui eſt écrit des deux côtés en Caractères hollandois, écriture & langage de ce temps-là, tirant un peu fur l'Allemand, le tout confervé dans fa reliûre antique. Ce livre, ou pluftôt ce recueil de gravures, qui eſt actuellement dans le cabinet de M. le Préfident de Cotte, eſt compofé de 47 images; il en a un autre de même nature qui en contient 46, repréfentant différentes hiſtoires de l'ancien & du nouveau Teſtament. Ce même Recueil fe trouve encore à Paris dans la Bibliothèque des Jéfuites de la rue S. Jacques *, & chez M. Mariette, où je les ai vûs. Il y a dans ce dernier exemplaire quelques fujets dont le deſſein eſt différent de celui des mêmes fujets qui fe trouvent dans les autres exemplaires; ce qui fait connoître que c'eſt l'ouvrage de différens artiſtes. Ils font tous imprimés d'un feul côté du papier petit *in-fol.* avec une encre plus grife que noire, ainfi qu'une explication latine prefqu'à

* On voit à la fin de ce Recueil plufieurs notes de la main de différentes perfonnes auxquelles il a appartenu. Une entre autres porte qu'il a été acheté par Ambroife de Cambrai le 14 Juin 1486.

I ij

chaque figure, gravée sur la même planche par petits quarrés relatifs aux objets; & pour connoître l'ordre de ces images, chacune porte dans le milieu une des lettres de l'alphabet en gros Caractère gothique.

 Ce sont ces productions & d'autres encore que l'on attribue à Coster, quoique très-grossières en comparaison du *Speculum*, & d'une toute autre manière de faire, qui est la pierre de touche à laquelle on reconnoît les opérations des Artistes. Coster est semblable au Mercure de la Fable, sur le compte duquel on a mis les faits de plusieurs autres. Depuis peu on vient encore de lui attribuer une de ces productions. L'Auteur du Catalogue de la Bibliothèque de Henr. Jos. Rega, imprimé à Louvain en 1755, annonce un exemplaire de l'histoire de S. Jean en figures. Il dit qu'il a été fait *à Harlem vers 1430 ou 1440, par Coster qui avoit imprimé quelques années auparavant le* SPECULUM SALUTIS; il tient cela, dit-il, *de gens notables de la ville*. Voilà encore des ouï-dire de la même trempe que ceux que nous a débités Junius, & tout auſſi peu vraiſemblables. On n'y ſuit pas même l'ordre naturel des choſes, en faiſant paſſer Coſter de la perfection de la gravure des vignettes du *Speculum*, à la groſſièreté de celle des eſtampes de l'hiſtoire de S. Jean, &c.

Ces différens Auteurs connoiſſoient peu l'art dont ils vouloient nous fixer l'origine ; ils ignoroient que la gravure des images en taille de bois avoit précédé l'invention de l'Imprimerie ; c'eſt ce qui leur a fait confondre les choſes & prendre les moyens pour les effets, en donnant ces recueils d'images pour des fruits de l'Art Typographique.

Que l'on conſerve avec ſoin ces monumens à Harlem, ainſi que la tradition qui les annonce pour être de cette ville, tout cela ne prouve rien par rapport à l'origine de l'Imprimerie, ni en faveur de Coſter. Il auroit fallu qu'il eût imprimé un livre avec des Caractères de l'un & de l'autre côté du papier, ce qui n'eſt pas. Mais, dit-on, il a fait un livre connu ſous le titre de *Donat*, & cela avant que l'exercice de l'Imprimerie fût connu ailleurs. C'est ce qu'on n'a jamais pû prouver; les autorités sur lesquelles on s'appuie, sont trop équivoques & trop suspectes. La principale est celle du Chroniqueur de Cologne, qui dit que *l'idée* de l'Imprimerie de Mayence *a été tirée des Donat de Hollande*. Cet Auteur est trop généralement décrié pour être cru sur un simple oui-dire; car il tenoit cela, dit-il, d'Ulric Zell, qui l'a induit également en erreur sur d'autres articles, comme on l'a vû. Ce livre est attribué avec bien plus de raison & de vraisemblance à Guttemberg; il y a tout lieu de croire que c'est par là qu'il a essayé sa presse à Mayence, & non par le *Catholicon* qui étoit un livre trop considérable pour une première entreprise.

J'ajouterai encore un argument bien simple qui détruit cette opinion. Si Coster eût inventé l'Imprimerie, & qu'il eût imprimé ce *Donat* ou le *Spiegel onser Behoudenisse*, comme le prétend Junius, il ne seroit certainement pas resté en si beau chemin; à ces éditions il en auroit vraisemblablement ajouté d'autres, & cet art ne feroit pas mort dans cette ville dès l'inftant même de fa naiffance. Il auroit été bien extraordinaire & en même-temps bien peu honorable de ne pas continuer l'exercice d'un art fi précieux, & de ne pas donner des fucceffeurs à ce père de l'Imprimerie, fur-tout après qu'on auroit vû les progrès éclatans des autres villes. Voilà juftement la gloire qui manque à celle de Harlem; elle a attendu que cet art fe fût répandu partout, avant que de fonger à s'en approprier l'exercice. Le premier livre qu'elle ait produit, ou du moins que l'on connoiffe, eft intitulé *Der Sondaren Troot*, &c. imprimé en Février 1484, 40 ans après la découverte de l'Imprimerie, & lorfque 60 villes au moins avoient déjà rempli l'Europe des productions de cet Art.

Les Infcriptions que l'on rapporte ne font pas plus concluantes pour la ville que pour l'inventeur ; elles ont paru trop tard pour qu'on puiffe y ajouter foi ; d'ailleurs elles ont été pofées fans nom d'Auteur & fans aucune autorité ;

par conséquent on est maître d'en croire ce que l'on veut, comme ceux qui les ont faites ont été libres d'y mettre ce qu'ils ont voulu. Mallinckrot en a fait aussi une fort étendue pour attribuer le même honneur à Faust, Guttemberg, Schoiffer, & à la ville de Mayence : quoiqu'elle soit mieux fondée que celle de Harlem, elle ne laisse pas cependant de souffrir contradiction en quelques endroits, soit dit seulement pour faire voir le cas que l'on doit faire de ces inscriptions furtives. Voici celle qui a été faite pour la maison de Coster.

MEMORIÆ SACRUM
TYPOGRAPHIA
ARS OMNIUM ARTIUM
CONSERVATRIX
HIC PRIMUM INVENTA
CIRCA ANNUM M. CCCC. XL.

L'inscription de la Statue de Coster érigée à Harlem porte :

M. S.
VIRO CONSULARI
LAURENTIO COSTERO
HARLEMENSI
ALTERI CADMO ET ARTIS

TYPOGRAPHICÆ
CIRCA ANNUM M. CCCC. XXX.
INVENTORI PRIMO
BENE DE LITTERIS AC TOTO
ORBE MERITO
HANC
Q. L. C. Q.
STATUAM QUIA ÆREAM NON
HABUIT
PRO MONUMENTO POSUIT
CIVIS GRATISSIMUS. *

Voilà des contrariétés de dates qui ne font point favorables à cette cause. Boxhorne, qui a voulu les accorder, a avancé une autre contrariété, en disant que Coster avoit imaginé cet Art dès 1420. Il auroit donc passé 20 ans dans l'exercice d'un art, sans faire paroître aucune production. Un Auteur Italien, nommé *Mariangelus Accursius*, avoit mis une note manuscrite à la fin d'un Donat, qui portoit, que le *Donat* & les *Confessionalia* imprimés à Mayence en *Caractères de plomb en 1450*, avoient été contrefaits sur le Donat de *Hollande, qui avoit été fait quelque*

* Théâtre de la Hollande, *page* 137.

temps auparavant *en planches de bois*. Ceci n'eſt rapporté que d'après la chronique de Cologne, & c'eſt ce qui a fait dire à Naudé que Scriverius s'eſt autoriſé de ces deux paſſages, *enſuite de quoi, & pour ſe prévaloir ouvertement de cette opinion, il a été, comme je crois, auteur de faire peindre ce Laurent Janſſon ſur la face extérieure de la maiſon où il demeuroit anciennement, avec cette épigraphe,* que l'on vient de voir.

Voilà donc Scriverius regardé par Naudé comme l'auteur de cette inſcription ; un autre auſſi prévenu en faveur de Coſter aura fait enſuite celle de la ſtatue. Mais, pour dire un mot de Mariangelus Accurſius, dont le récit a ſervi auſſi de fondement aux prétentions de la ville de Harlem, on voit clairement qu'il ſe trompe, lorſqu'il donne en 1450, & dès l'origine de l'Imprimerie, à la ville de Mayence un Donat fait *en Caractères de plomb*. Les Auteurs qui ont parlé de ce livre, comme Salmuth & autres, le donnent avec raiſon pour être fait avec des planches de bois ; ils n'ont connu que celui-là, & n'ont jamais parlé de celui qu'on prétend avoir été fait à Harlem. De plus, ces *Confessionalia* de Mayence ont été inconnus à tous les Bibliographes ; par conséquent il est plus que vraisemblable qu'ils n'ont jamais eu qu'une existence imaginaire.

Il faut donc que la ville de Harlem renonce de bonne foi aux prétentions qu'elle avoit formées sur l'invention de l'Imprimerie considérée comme impression de livres, & qu'elle regarde Laurent Coster comme un être idéal par rapport à cet art, parmi les productions duquel on ne voit rien qui puisse lui être légitimement attribué, outre qu'il n'a point laissé de successeur qui ait perpétué la gloire de cette invention.

Mais à quoi réduire cette longue & constante tradition au sujet de ces recueils d'images imprimées, que l'on a long-temps regardés comme des monumens de la gravure exercée dans cette ville, & que l'on a mal à propos pris pour des livres, qu'on ne peut attribuer à Guttemberg, à Faust ni à Schoiffer ? Considérons les choses sous un autre point de vûe, & nous verrons que si Harlem n'a point de part à la première fabrique des productions Typographiques, elle en a beaucoup à l'Art qui les a enfantées, mais dont elle n'a pas su faire l'application; c'est-à-dire qu'elle est une des premières villes où l'on ait taillé des images sur le bois, même avec des mots & des lignes servant à expliquer le sujet, sans que l'on ait jamais eu dessein de faire ce qu'on appelle un livre. Cette première opération, qui n'a été ni sentie, ni distinguée de la seconde par ces Auteurs, les a jetés dans des contradictions dont ils n'ont pu se tirer. On voit d'un côté des faits qui autorisent, de l'autre une inaction qui contredit, & cela faute de s'entendre.

Si l'on eût pensé à consulter l'histoire des Peintres & des Sculpteurs, les lumières qu'on en auroit tirées n'auroient pas manqué d'éclaircir le mystère; on auroit découvert que ce font ces Artistes qui ont les premiers fait usage de la gravure en bois, & qu'ils ont inventé cet art pour rendre par l'impression leurs desseins plus communs.

Les premiers Peintres que l'histoire nous fasse connoître, soit Allemands, soit Flamands ou Hollandois, sont de la ville de Harlem *. *Albert van Ouwater* né en cette ville, est un des premiers qui aient peint à l'huile après van Eych, vers 1400. *Guerard de Harlem*, ainsi nommé parce qu'il étoit de cette ville, fut son élève. Le célèbre Albert Durer, Peintre & Graveur en bois, charmé des ouvrages de ce Guerard, fit le voyage de Harlem exprès pour les voir. *Dirk*, autre Peintre de cette ville, étoit connu vers 1440. *Jean Mandyn & Volckaert*, encore de la même ville, travailloient vers 1450.

On ne doit donc pas être surpris de trouver à Harlem des anciens monumens de la gravure en bois, qui étoient certainement les ouvrages de quelques-uns de ces Artistes antérieurs à Coster & à l'invention de l'Imprimerie. Ce qui peut servir encore à fixer cette opération dans cette ville, c'est que dans l'histoire de S. Jean,

---

* Histoire des Peintres Allemands, Flamands & Hollandois, par M. Descamps, *Tom. I.*

en figures, citée ci-dessus, on aperçoit ce Saint dans un vaisseau qui est supposé le transporter dans l'isle de Patmos, & dont la figure est semblable à celui que l'on voyoit aux anciennes armes de Harlem, avant qu'on y eût substitué la Couronne Impériale dont cette ville fut honorée par Maximilien I *.

Concluons de tout cela, que les Auteurs qui ont voulu donner à la ville de Harlem l'honneur de l'invention de l'Imprimerie, ont pris le change sur des opérations qui n'appartenoient point à cet art, & que cette ville, qui renfermoit en elle les moyens de le pratiquer suivant la première manière, n'a pas été assez heureuse pour en faire l'application & les mettre en pratique.

Je ne me serois pas tant étendu sur cet article, si je n'eusse appris de Harlem même, que l'on y travailloit actuellement à renouveler ces vieilles histoires en faveur de Coster & de cette ville.

Les prétentions que la ville de Strasbourg forme à la gloire de l'invention

* Bibliotheca Willenbroukiana, *page* 241.

de l'Imprimerie, font mieux fondées. Dans cette ville, comme à Harlem, à Ausbourg, à Nuremberg & autres, on exerçoit l'art de graver fur le bois & d'imprimer des figures, des ornemens, & même des lettres pour fervir d'explication. C'étoit à la vérité l'art d'imprimer des livres déjà tout trouvé, mais non encore appliqué à cet objet ; ou fi l'on veut donner à ces recueils d'images le nom de livres, il faut convenir que ces villes en ont fait fans le favoir.

Parmi les Peintres & Graveurs en bois de ce temps, on connoît *Guillaume Baur* mort en 1464, & *Jean Balde Green*, tous deux de la ville de Strafbourg.

Pour tirer de leurs talens un parti plus glorieux & plus utile, il s'agiffoit feulement de graver proprement fur une planche de bois préparée pour cet effet, tout ce qu'elle pouvoit contenir d'un difcours fuivi, enfuite de continuer ce difcours fur une autre planche, & ainfi jufqu'à la fin, puis de les imprimer de l'un & de l'autre côté du papier, de façon que les pages fe fuiviffent & formassent enfin un livre: cela n'étoit point difficile, les premiers livres étant *in-fol.* la presse pour les images étoit suffisante, & la même précisément qu'il falloit pour cette opération.

Cette idée, quoique simple, avoit besoin d'être saisie, & c'est l'heureux Guttemberg à qui elle s'est offerte le premier, dans le temps qu'il étoit à Strasbourg. Ainsi on peut dire que Guttemberg, sans avoir rien inventé, est cependant devenu le père de cette Imprimerie primitive, dont il a fait les premiers essais dans cette ville de Strasbourg.

Guttemberg étoit un Gentilhomme Allemand, de la ville de Mayence, mais domicilié à Strasbourg * où il s'étoit marié & établi. Il paroît que sa fortune étoit très-médiocre. Pour y suppléer, il faisoit usage de son industrie; il cherchoit des secrets & formoit des sociétés pour des entreprises; l'une, qui avoit pour objet la polissure des pierres, lui réussit quelque

* Mémoires de l'Académie des Inscriptions & Belles-Lettres, Tom. 17, p. 762, & suivantes.

temps ; une autre faite avec trois Bourgeois de Strasbourg, manqua ; enfin l'idée de faire un livre par le moyen de la gravure en bois, qu'il voyoit exercée en Allemagne, le faifit fortement. Ses premiers projets ne lui ayant réuffi que foiblement, il entrevit de plus grandes lueurs de profit en faifant graver & imprimer avec des planches de bois, des pages pour en former & multiplier des livres, de même qu'on gravoit & imprimoit des deffeins pour les rendre plus communs. Le projet d'imiter une belle écriture & d'en faire paffer les impreffions pour des manufcrits, ne lui paroiffoit pas impoffible ; plein de cette idée, qui avoit de quoi flatter fes efpérances, il ne tarda pas à en tirer parti. Déjà l'exercice de cette gravure, qu'il ne s'agiffoit que d'appliquer à un objet nouveau, lui répondoit du fuccès. Il avoit befoin pour cela d'un bon écrivain, capable de faire les modèles de chaque page ; quelques graveurs habiles & quelques ouvriers pour les opérations de la preffe lui fuffifoient, de façon que tout fon train pouvoit n'être composé que de cinq ou six personnes au plus. Il est indubitable qu'avant de rien entreprendre, il fit faire secrètement à Strasbourg de légers essais. Assuré de la possibilité de son projet, il quitte vers 1444 cette ville, où les fruits de son invention auroient pû être bientôt imités par les Graveurs en bois qui s'y trouvoient, & qui n'auroient pas manqué d'éventer son secret. Il prend avec lui quelques ouvriers, entr'autres un nommé Myndinbach, & se retire à Mayence, lieu de sa naissance, pour y exercer secrètement cette nouvelle invention, d'autant plus volontiers qu'il n'y avoit point en cette ville d'artiste qui pût lui faire ombrage*. Alors, assuré du secret par le serment qu'il exige de ses ouvriers, il ne lui reste plus qu'à mettre sa découverte en pratique; il commence par faire quelques ouvrages pour son compte; mais ayant consumé ses fonds en peu de temps, & voulant faire des entreprises plus considérables, il

---

* Dans les recherches que j'ai faites sur les Peintres & Graveurs, je n'en trouve aucun de ce temps qui soit connu pour être de Mayence, ni pour avoir travaillé dans cette ville.

cherche quelqu'un en état de lui faire des avances. Jean Fauſt, Orfèvre de cette ville, s'offre à lui; ils forment entre eux deux ſeulement une ſociété: Guttemberg eſt le chef de l'entrepriſe, & Fauſt fournit les fonds. Une maiſon, connue ſous le nom de Zumjungen, appartenant à la famille de Guttemberg, eſt choiſie pour cet établiſſement. Là s'aſſemblent les ouvriers choiſis, qui, après avoir juré de garder le ſecret, font chacun leurs fonctions ſous les ordres de Guttemberg.

La ville de Strasbourg a donc été le berceau de l'Imprimerie, c'eſt dans ſes murs que cette idée a été conçue & eſſayée; mais c'eſt, à proprement parler, la ville de Mayence qui lui a donné l'être, c'eſt elle qui a vû paroître les premiers fruits de cette Typographie naiſſante, qui a été ſpectatrice de ſes premiers progrès, & enfin de ſa perfection entière, par l'invention du véritable Art Typographique en Caractères de fonte, tel que nous l'exerçons aujourd'hui; prérogatives qui n'appartiennent qu'à elle ſeule. Les premières pratiques ont servi de degrés pour monter à cette perfection de l'Art, qui n'a pas plus de ressemblance avec son commencement, que n'en a extérieurement un papillon avec l'insecte qui lui a donné naissance.

Je ne prendrai pas la peine de faire voir la supériorité des droits que la ville de Mayence a pour s'attribuer la gloire de l'invention de l'Art Typographique ; ils sont trop évidens, & doivent laisser actuellement peu de doute à ceux qui sont un peu instruits de l'histoire de cet Art. La réfutation que je viens de faire des prétentions de la ville de Harlem, servira encore à l'affermissement de ces droits, sur lesquels j'aurai occasion de revenir dans la suite de cet ouvrage que je continue : j'y joindrai l'exemple aux paroles, c'est-à-dire que je donnerai les modèles des différens Caractères, à commencer depuis l'origine de l'Imprimerie, en suivant l'ordre des temps & des éditions où ils ont été employés pour la première fois ; ce qui servira à fixer l'époque de leur ancienneté, & empêchera de confondre bien des éditions sans date, qu'on a fait remonter à des temps trop reculés, faute de cette connoiſſance eſſentielle à l'hiſtoire de l'Imprimerie.

Ce ſeroit ici le lieu de marquer le détail & le méchaniſme de cette première façon d'imprimer en Caractères de bois, d'abord fixes, enſuite mobiles; mais la longueur de cette diſſertation m'oblige d'en reſter là pour le préſent, & de paſſer, comme je l'ai promis, à l'examen des productions de cette première Typographie. Cet examen eſt néceſſaire, & ne peut être qu'utile par les vûes de critique dont il eſt ſuſceptible; d'ailleurs il ajoutera de nouveaux faits à l'hiſtoire de Guttemberg, & beaucoup d'éclairciſſemens à celle de l'Imprimerie.

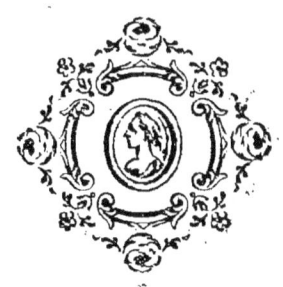

TROISIÈME PARTIE.

Examen des Productions de l'Art Typographique en Taille de Bois.

IL n'est pas ici question de ces gravures d'images ou estampes en taille de bois, dont j'ai suffisamment parlé dans ma première dissertation & dans l'article précédent ; elles ne sont point le fruit de la Typographie, au contraire elles l'ont précédée. Cependant, parmi ces ouvrages, celui qui est connu sous le titre de *Speculum humanæ salvationis*, mérite un examen particulier, tant à cause du rang qu'il tient dans l'histoire de l'Imprimerie, que parce qu'il est fort mal connu, malgré le grand nombre d'écrits dans lesquels on en a parlé.

Ce livre, ou plustôt ce recueil d'estampes, commence ainsi :

Prohemiū cui⁹ dam īcipit noue compilationis
Cui⁹ nomē & titul⁹ ē speculū hūane salvacōis.

Il est extrêmement rare : on n'en connoît en France que quatre exemplaires, tous quatre à Paris, l'un à la Bibliothèque du Roi, les autres dans celles de Sorbonne *, des Célestins & de M. le Président de Cotte. Ces quatre exemplaires sont tous composés de cinq cayers, le premier de deux feuilles & demie, contenant un avant-propos ou préface latine, le second, le troisième & le quatrième de sept feuilles chacun, & le cinquième de huit, le tout formant soixante-trois feuillets petit *in-folio*, dont cinquante-huit sont surmontés d'une vignette de quatre pouces de haut sur sept pouces quatre lignes de large, qui est séparée perpendiculairement dans le milieu par une colonne ou ornement gothique. D'un côté l'on voit pour l'ordinaire un trait historique de l'ancien Testament, de l'autre un trait du nouveau qui y a rapport, ou bien ce sont d'autres traits historiques comparés ensemble. La première vignette,

---

* Cet exemplaire faisoit partie de la Bibliothèque de M. de Balesdens, amateur d'antiquités. Lors de l'inventaire de cette Bibliothèque, il fut mis en liasse avec plusieurs autres volumes prisés ensemble 4 l. par le Libraire qui fit cet inventaire, puis il servit de montre en dehors de la boutique d'un Libraire du Quai de la Tournelle, *Chevillier*, *Hist. de l'Imp.* p. 281.

par exemple, représente d'un côté la chute des Anges rebelles dans les enfers, de l'autre la naiſſance d'Eve pendant le ſommeil d'Adam. Ces vignettes ſont entourées d'un filet, & renferment intérieurement une ligne en Caractères pour expliquer le ſujet, & quelques mots ſur des rouleaux qui ſortent de la bouche des figures, pour les faire parler. Le tout eſt gravé en bois, d'un ton ferme & hardi ; les figures ſont au ſeul trait, c'eſt-à-dire qu'il n'y a point d'ombre ni de hachures, ou du moins il y en a très-peu. Deſſous ces 58 vignettes eſt une explication en proſe latine rimée à deux colonnes, de 26, 27 & quelquefois 28 lignes, au bas de laquelle eſt la citation de l'endroit d'où le ſujet d'hiſtoire eſt tiré. Le Caractère eſt à traits quarrés & anguleux, comme celui qu'on employoit dans les épitaphes & inſcriptions du 14ᵉ ſiècle, & qu'on a appellé *gothique*, mais non pas comme celui des premières impreſſions de Mayence, qui étoit ſemblable à l'écriture du temps, & qu'on a diſtingué en le nommant *demi-gothique*.

DE L'IMPRIMERIE. 153

Le tout n'eſt imprimé que d'un ſeul côté ſur un papier fort, portant la marque de la tête de bœuf. Les feuilles ſont pliées, la première ſur l'impreſſion, la ſeconde ſur le blanc ou revers, ainſi de ſuite, & poſées en cayer; ce qui fait que les figures ſe regardent, & que ſi on colloit les dos blancs, elles paroîtroient imprimées des deux côtés. Voilà quel eſt ce livre en général, & ce qu'il préſente au premier coup d'œil : on trouve dans le détail, des différences qu'un examen approfondi fait apercevoir. J'ai diſtingué dans les quatre exemplaires de ce livre ſi rare, trois éditions différentes, conſtamment faites avec les mêmes vignettes, mais avec des changemens dans les Caractères, & par différentes opérations. Les exemplaires du Roi, de Sorbonne & de M. de Cotte, ſont compoſés d'une manière ſemblable & arrangés dans le même ordre; ces trois exemplaires renferment des feuilles de deux éditions différentes, exécutées en trois temps par différents Artiſtes. *

* C'eſt l'exemplaire du Roi qui m'a ſervi à connoître les va-

Les 58 vignettes ont été gravées fur un bois convenable à cet ufage, c'eſt-à-dire, dur & compacte, comme du buis, du cormier ou du poirier, fans quoi les traits fins & délicats des figures n'auroient pû être taillés auſſi hardiment, fans fe fendre ou s'égrainer, comme cela eſt arrivé dans les autres gravures d'images groſſières dont j'ai parlé plus haut. Néanmoins on voit dans celles-ci, à quelques-uns des gros filets qui les bordent, des caſſures qui prouvent un fervice déjà ancien; car ces fortes de gravures durent long-temps, comme je l'ai fait voir dans ma première diſſertation fur la gravure en bois. Ces marques de fervice prouvent que ces vignettes ont été imprimées les premières, avant l'uſage de la preſſe. On en a fait l'empreinte avec une encre griſe, en poſant le papier fur la vignette, & frottant pardeſſus avec un inſtrument poli, ce qui a rendu, comme je l'ai dit, le papier liſſé, furtout à l'endroit des tail-

---

riantes : M. l'Abbé Sallier m'a permis de le comparer avec les trois autres exemplaires, que j'ai attentivement examinés les uns après les autres.

les ; après quoi on a imprimé le discours par une seconde opération, avec une même sorte d'encre grise, & par le même méchanisme qui rend le papier lissé par derrière. Ce discours est en Caractères fixes & non mobiles, gravé sur des planches d'une autre sorte de bois que celui des vignettes ; voici les preuves. Ces planches sont imprimées inégalement par rapport à la vignette, les unes plus près, les autres moins, & quelques-unes de travers, s'approchant d'un côté & s'éloignant de l'autre, semblables à ces ornemens en taille-douce que l'on voit imprimés sans soin dans la plûpart des livres d'aujourd'hui, & qui couvrent quelquefois le caractère, ou qui du moins, pour l'ordinaire, s'en approchent d'une manière inégale. Si l'on veut encore une preuve plus forte de cette double impression, nous la trouverons dans les différentes teintes de l'encre ; celle des lettres n'est pas toûjours du même gris que celle des vignettes ; ce qui devroit être néanmoins, si le tout eût été imprimé à la fois. Non seulement l'opération de cette impression est postérieure à celle des vignettes, mais encore ce n'est pas le même Artiste qui a gravé le tout : on n'a pas non plus employé pour les unes le même bois dont on s'est servi pour les autres. La gravure des Caractères est négligée par endroits, & inférieure de beaucoup à l'exécution des vignettes. On voit dans le discours des pages moins longues que d'autres, quoique composées du même nombre de lignes, parce que l'écriture a été figurée d'un dessein plus serré, & gravée avec plus de négligence dans les unes que dans les autres ; ce qui démontre en même-temps que ces Caractères sont fixes sur les planches & non mobiles, d'autant plus que l'on aperçoit souvent des mots liés presque en entier par des traits ; on voit même jusqu'à des lettres d'une première ligne unies avec celles de la seconde. Par exemple, sous la première vignette, l'M qui commence le premier mot de la seconde colonne, est liée avec le D qui se trouve au dessous. Le bois qu'on a employé pour ces planches de Caractères n'étoit pas d'une nature propre à cet objet : c'étoit ou du chêne qui ayant des filamens porreux en a laiffé les marques à des mots, & même à des lignes entières, par des raies blanches qui les féparent horizontalement, ou du hêtre que l'eau du lavage aura gercé. On aperçoit ces marques de mauvais bois dès la première page à la 12ᵉ ligne de la feconde colonne, fous la naiffance d'Eve; à la 4ᵉ vignette, lig. 20, fous les travaux d'Adam; à la 10ᵉ vignette, lig. 18, fous le facrifice de Jephté, & en beaucoup d'autres endroits.

Voilà fans contredit la première édition de ce livre faite, avec des planches de Caractères fixes, avec une encre grife, & en deux temps, favoir, d'abord les vignettes, enfuite le difcours.

Des quatre exemplaires connus en France, il n'y en a pas un feul qui repréfente en entier cette première édition; l'on en voit feulement des fragmens dans ceux du Roi, de Sorbonne & de M. de Cotte. Ce qu'il y a de remarquable, c'eft que ces fragmens font également diſtribués en même nombre, ſavoir 20 feuillets qui, à compter des vignettes, ſe trouvent être les 1, 2, 4, 5, 6, 7, 8, 9, 10, 11, 13, 14, 16, 17, 21, 22, 26, 27, 46 & 55, faiſant enſemble dix feuilles pliées, dont il y a 12 feuillets dans le premier cayer, 6 dans le ſecond, & 2 dans le quatrième ; tous les autres ſont des fragmens d'une ſeconde édition faite avec d'autres Caractères, ayant à la vérité même figure que ceux de la première, mais mobiles & un peu plus gros, taillés auſſi ſur le bois, & imprimés d'un noir foncé par le moyen de la preſſe, qui a laiſſé derrière le papier une forte macule, quoique les vignettes qui ſont au deſſus ſoient imprimées avec une encre griſe comme les autres, & de la même façon, c'eſt-à-dire que le papier eſt liſſé derrière l'eſtampe, mais qu'il eſt mat & très-foulé derrière le Caractère. Voici donc encore dans cette édition une nouvelle opération pour le Caractère, qu'on ne peut rapporter au temps de la première ; car la mobilité de ceux-ci annonce déjà la perfection de l'Art. On fait que ce n'eft que cinq ou fix ans après avoir fait ufage de ces planches fixes à Mayence fous Guttemberg, que l'on inventa les Caractères mobiles de bois, comme je l'ai déjà dit, & comme je le ferai voir encore bientôt; & ceux-ci font fi parfaits, que ceux qui en ont parlé jufqu'à préfent, n'ont pû décider s'ils étoient de bois ou de fonte, par conféquent ils ne font certainement pas des premiers commencemens de l'Art Typographique.

Quelques-uns des Auteurs qui ont parlé les premiers de ce *Speculum* latin, l'annoncent comme étant fait fur des planches de bois. Bertius, déjà cité, dit que Scriverius le lui fit voir, & qu'il eft fait fur des tables ou planches fixes, & non en Caractères mobiles. On ne peut donc douter qu'il n'ait exifté, puifque nous en trouvons vingt feuillets répandus depuis le commencement jufqu'à la fin, dans les exemplaires du Roi, de Sorbonne & de M. le Préfident de Cotte. On ne peut pas difconvenir non plus qu'on n'en ait fait une feconde édition, puifque de foixante-trois feuillets dont ces exemplaires sont composés, on en trouve quarante-trois imprimés tout différemment, en noir, & avec d'autres Caractères. Ce n'est pas tout, dans l'exemplaire des Célestins, le discours est entièrement imprimé en noir depuis le commencement jusqu'à la fin, avec les mêmes Caractères mobiles de bois, au moyen de la presse, ce qui fait que le derrière du papier est fort maculé : ce discours est néanmoins surmonté des mêmes vignettes imprimées en gris, & par le premier méchanisme, qui rend le papier lissé par derrière. Voilà donc une troisième édition bien distincte, & qui ne fait point partie de la seconde : les preuves que j'en vais donner détruiront jusqu'au moindre doute.

Dans les quatre exemplaires que j'ai cités, ce livre commence par une préface qui est imprimée dans tous avec les mêmes Caractères mobiles de bois & de l'encre très-noire : la seule différence qu'il y ait, c'est que dans les trois que j'ai dit être semblables en tout, & composés en partie de la première & en partie de la seconde édition, cette préface

préface commence par un P, qui tient l'espace de cinq lignes reculées exprès pour laisser une place vuide propre à recevoir le dessein de cette lettre ; mais dans l'exemplaire des Célestins, qui représente en entier une troisième édition, ce P ne tient que deux lignes, lesquelles ont été reculées pour cet effet par le compositeur. Les deux premières lignes de celle-ci sont plus ou moins abrégées ; le mot *humane* s'y trouve de moins que dans les autres, & ainsi du reste : je vais en citer encore les exemples suivans.

Ire & IIe ÉDITION.	IIIe ÉDITION.
Exemplaires du Roi, de Sorbonne & de M. de Cotte.	Exemplaire des Célestins.

28e *Vignette, sous la figure de l'Enfant Prodigue.*

2 lig. secūdū lucam.	sedm̄ lucā.
16e lig. replere.	replē.
17e lig. agere.	agē.

30e *Vignette sous la figure d'Héliodore.*

| 2e lig. usuere. | usuē. |

L

32ᵉ *Vignette sous la figure de*
    Melchisedech.

1ʳᵉ lig. ppria.   ppa.
4ᵉ lig. facdoe.   facdos.
5ᵉ lig. gerebat.   gēbat.
7ᵉ lig. facdos.   facerdos.
13ᵉ lig. facerdotal⁹.   facdotalis.

57ᵉ *Vignette sous la figure du*
    Jugement dernier.

2ᵉ lig. iudicaē.   iudicare.
5ᵉ lig. noïe.   hoïe.
8ᵉ lig. redderētur.   redderēt⁹.

On trouvera aussi des différences très-sensibles sous les vignettes de la naissance & de la cène de J. C. & sous beaucoup d'autres : ces exemples sont plus que suffisans pour prouver que l'exemplaire des Célestins est encore d'une autre édition. En voilà donc trois qui diffèrent essentiellement les unes des autres, & c'est ce que personne n'avoit remarqué jusqu'ici. Il est assez surprenant de voir qu'un livre si rare, & sur lequel on a tant écrit, soit encore si mal connu.

Mais les Caractères des deux dernières éditions font-ils les mêmes ? font-ils mobiles ? enfin font-ils de bois ou de fonte ? voilà ce qu'il est encore nécessaire d'éclaircir. On peut assurer très-positivement, sans craindre de se tromper, que ce sont les mêmes Caractères qui ont servi à ces deux dernières éditions ; c'est la même forme, la même grosseur, la même figure matte, figure qui leur est propre ; on ne les trouve point employés ailleurs que dans les différentes éditions de cet ouvrage, pour lesquelles ils peuvent avoir été conservés, comme d'autres dont je vais parler, qui n'ont servi qu'à des éditions du Pseautier.

Une de ces deux éditions a certainement été le modèle de l'autre ; on y voit regner une même manière de faire, par laquelle on reconnoît qu'elles se sont suivies de près & qu'elles ont pû être faites par les mêmes ouvriers. Elles sont toutes deux d'une même teinte de noir ; le papier en est le même ; il est également trop foulé à l'impression. Comme les discours qui servent à expliquer les figures font l'effet des vers, c'est-à-dire que toutes les lignes ne font pas pleines, il a fallu beaucoup plus de cadrats ou d'espaces * que les ouvriers n'en avoient. Pour les épargner, ils ont achevé quelques lignes de ces deux éditions avec des lettres mêmes; mais, pour les empêcher de marquer, ils les ont couvertes par la frisquette **, de façon qu'on en voit l'empreinte aussi distinctement que celle du reste de la ligne, à cette différence près, qu'en cet endroit il n'y a point d'encre. Cette impression ressemble à celle que l'on feroit fur un papier double, l'empreinte resteroit également fur les deux feuilles, mais l'encre ne marqueroit que sur la première. Quant à la mobilité de ces derniers Caractères, elle est incontes-

* Les cadrats & espaces font de petites pièces de même force ou épaisseur que le Caractère, mais beaucoup moins élevées ; elles servent à espacer les mots ou à remplir des lignes qui doivent paroître plus ou moins courtes. Les endroits où elles se trouvent restent blancs à l'impression.

** La frisquette est une partie de la presse, faite en forme d'un châssis plat couvert d'un papier ou parchemin que l'on interpose entre le Caractère & la feuille de papier qui doit être imprimée. Ce parchemin est découpé aux endroits seuls que l'on destine à recevoir l'impression ; il cache tout le reste de la feuille.

DE L'IMPRIMERIE. 165
table ; les variations que nous venons de voir dans la compofition de ces deux éditions, en font une preuve fans replique. Leur état de bois ou de fonte a paru plus difficile à déterminer. On croit communément qu'ils font de fonte, ce qui s'accorderoit encore bien moins avec la haute antiquité que donnent à ce livre ceux qui prétendent qu'il a été fait avant toutes les autres productions de cet art. Chevillier avoit d'abord cru qu'ils étoient de bois ; mais d'après le témoignage de différens Artiftes à qui, dit-il, il les a fait voir, il a changé de fentiment fur ce qu'ils lui ont dit qu'ils étoient de fonte. Ces Caractères font fi bien faits, & il y règne une fi grande hardieffe par rapport à la gravure, que je n'aurois pas manqué d'être du même fentiment, fi je ne les euffe examinés avec une attention infinie & avec l'œil le plus critique. Après un pareil examen, je fuis en état d'affurer au contraire qu'ils font de bois : voici fur quoi je me fonde.

Comme ce Caractère eft extraordinairement foulé à l'impreffion, l'on aperçoit deſſus & deſſous certaines lettres, de petits points noirs occaſionnés par des parcelles de bois mal évidées. Pour éviter la trop grande multiplicité des pièces mobiles, on a gravé un grand nombre de lettres doubles & d'abbréviations qui forment des mots entiers ; & comme les lettres minces, telles que les f, i, l, r, ſ, t & autres, n'auroient point eu de conſiſtance, & qu'elles ſe feroient caſſées facilement, elles ſont toutes liées avec d'autres ſur une même tige, comme fa, fe, fi, fo, fu, im, mi, in, ni, &c. Pour des Caractères de bois, ce travail eſt peu de choſe, il eſt même néceſſaire pour abbréger l'ouvrage en diminuant le grand nombre des pièces mobiles ; mais il feroit devenu prodigieux, s'il eût fallu faire des poinçons d'acier pour toutes ces variations. Je ne nierai point que l'on a fait quelques-unes de ces lettres doubles dans les premiers Caractères de fonte, mais elles ſont infiniment moins multipliées. D'ailleurs, malgré l'égalité apparente qui règne parmi ces lettres, & qui a fait croire qu'elles étoient de fonte, il s'y trouve cependant des différences assez sensibles pour quiconque y regarde de près avec des yeux exercés. Les mêmes lettres sont quelquefois plus ou moins grandes, & leur figure varie de temps en temps. Les (i) portent des accens aigus plus ou moins inclinés, dont quelques-uns même sont tout-à-fait perpendiculaires. Le (t) offre des marques de variation par un trait mince à côté qui est plus ou moins long, plus ou moins incliné, & qui a quelquefois un petit bouton par en haut. On y voit des (y) différemment courbés : l'abbréviation appellée *bus*, parce qu'elle représente la syllabe *us*, & qui est souvent répétée, varie beaucoup pour la grosseur. Il est évident que ces différentes figures des mêmes lettres ne sont pas sorties d'une matrice, donc ces lettres sont en bois : un coup de pointe de plus ou de moins a produit ces variétés. Il ne seroit pas raisonnable de dire que ces Artistes ont fait autant de poinçons & de matrices différentes ; ce seroit leur prêter un ridicule grossier, que de les supposer capables d'avoir entrepris un travail inutile, &, qui plus eft, nuifible à la perfection de l'ouvrage. La lettre (a) furtout renfermant plus d'angles dans le gothique que les autres, rend les différences plus fenfibles ; les uns commencent par un trait fin & délié, d'autres par un trait auffi gros que le refte du corps de la lettre. Que l'on regarde à la page cottée 39, dans l'exemplaire du Roi, fous la 34e vignette, à la 22e ligne de la feconde colonne, les mots *paffio fua . . . . gravior*. Ces trois *a* font tout-à-fait différens : le premier eft petit & étroit ; le fecond, qui eft plus grand, commence par un bouton, le troifième par un trait fin. Que l'on compare ce dernier avec celui qui eft immédiatement deffous au mot *ad*, on verra que celui-ci eft plus grand que les trois autres. Revenez vers le commencement de cette ligne au mot *clamat*, qui fe trouve fous le mot *paffio*, les deux *a* de *clamat* ont à la vérité la même figure que celui de *paffio*, mais les traits en font bien plus gros. Voilà dans un petit efpace au moins quatre *a* de figures différentes, qui n'ont jamais été représentés par un même poinçon ni rendus par une même matrice. Ces différences font plus que fuffifantes pour prouver démonftrativement que ceux qui ont écrit que ces Caractères étoient de fonte, fe font trompés ; il eft clair, par les remarques précédentes, qu'ils font de bois, ce qui s'accorde bien mieux avec l'ancienneté que l'on a toûjours donnée à ce livre, les Caractères de fonte ne s'étant répandus que vers 1463, cinq ou fix ans après que Schoiffer les eût inventés.

Voilà donc, dans quatre exemplaires latins connus à Paris, trois éditions qui diffèrent effentiellement entr'elles. On en connoît ailleurs quelques exemplaires, favoir, un dans la Maifon de Ville de Harlem, deux à Londres, dont l'un appartient à Mylord Pembrock, & l'autre eft dans la Bibliothèque du Docteur Mead ; il en refte peu d'autres. Les remarques que j'ai faites fur ceux que nous connoiffons à Paris, ferviront aux perfonnes qui poffèdent des exemplaires du même genre, pour reconnoître la conformité ou la différence qu'ils auront avec ceux dont je viens de parler.

Mais ce n'est pas tout : ces mêmes planches ou vignettes en bois qui ont servi à ces trois éditions latines, ont aussi été employées dans trois autres éditions en langue Flamande, également imprimées d'un seul côté, sans marque de lieu, de temps ni d'Artistes *. Je ne suis pas en état de donner les variantes de ces trois éditions, parce que je ne les ai pas vûes ; mais le témoignage des Auteurs qui en ont parlé, suffira pour prouver ce fait.

Celui dont fait mention Junius dans son histoire de la Hollande, est en Flamand. Boxhorne assure la même chose, & contredit Scriverius & Bertius, qui avoient avancé que cet ouvrage étoit en latin, parce que ces Auteurs ne connoissoient que les exemplaires dont ils parloient. Malinckrot, qui n'avoit vû qu'un exemplaire latin, s'est contenté

---

* Ces vignettes pouvoient fournir à toutes ces éditions, qui d'ailleurs devoient être en petit nombre. *Voyez ma première Dissertation*, p. 63.

de dire qu'on a bien pû auffi imprimer ce livre en Flamand ; mais Maittaire les annonce tous les deux. M. Seitz, qui a auffi célébré le Jubilé Typographique de 1740, en parle dans fon *Tertium Jubileum Typographiæ Harlemenfis*, page 4. Il y dit que le Caractère de l'exemplaire latin qui eft dans la Maifon de Ville de Harlem, *eft meilleur, plus poli & plus épais que dans l'exemplaire Flamand*. Ces remarques générales de Caractère meilleur, plus poli & plus épais, ne donnent point d'idées nettes, & n'inftruifent point ; on peut en conclure feulement qu'il y auroit quelques différences dans le Caractère. Au refte, il dit que cet exemplaire de Harlem a huit figures & autant de pages de plus que tous les autres ; ce qui peut faire foupçonner qu'elles ont été ajoutées après coup dans cet exemplaire, comme on avoit ajouté, fuivant le fentiment de Malinckrot, quelques figures à l'hiftoire de l'ancien & du nouveau Teftament, & à celle de l'Apocalypfe*, tous ouvrages attribués fans fondement

* Voyage fait à Munfter, par M. Joly, *in-8°*. p. 127.

à la ville de Harlem. On pourroit avoir fait cette petite charlatanerie, pour appuyer le sentiment qui attribue à cette ville l'invention de l'Imprimerie; car les autres exemplaires, latins & flamands, n'ont tous que 58 figures, & les deux lignes que M. Seitz dit être au commencement de la première colonne, sous la troisième figure de cet exemplaire latin, sont les mêmes dans ceux de Paris. Cette troisième page est la première de celles qui sont imprimées en Caractères mobiles, de couleur noire, dans les exemplaires du Roi, de Sorbonne & de M. de Cotte; les deux précédentes sont en Caractères fixes, & imprimées de couleur grise. M. Seitz rapporte ainsi ces deux premières lignes de la troisième page en toutes lettres:

In præcedentibus audivimus, quomodo Deus hominem honoravit,

Consequenter audiamus, quomodo homo se ipsum visitavit.

Ces lignes, dans l'original, sont avec un grand nombre d'abbréviations, ce qui est observé partout de même, de façon qu'un mot de sept ou huit lettres est souvent représenté par trois ou quatre qui portent des accens pour abbréger.

M. Meerman, Conseiller & Pensionnaire de la ville de Rotterdam, connu dans la république des Lettres, non-seulement par son goût éclairé pour les anciens monumens Typographiques, qu'il rassemble & conserve avec soin dans un cabinet précieux en ce genre, mais encore mieux par le *Novus Thesaurus Juris Civilis*, en 7 vol. *in-fol.* dont il va donner un huitième volume, pour servir de supplément à cet ouvrage; ce Savant, dis-je, a bien voulu me faire part de ses réflexions sur plusieurs articles de son riche cabinet, & en particulier sur ce *Speculum* en Flamand, dont il a un exemplaire. Il est composé, comme tous les autres, de 58 vignettes imprimées en couleur grise avec la ligne latine qui est au bas & dans l'enceinte desdites vignettes : le Caractère qui est dessous, est imprimé en noir. La préface de cet ouvrage Flamand n'est ici que de quatre feuillets; elle commence par quatre lignes plus courtes que les autres, pour laisser une place vuide propre à y deſſiner une grande S. Voici les deux premières lignes.

So nie ter rechtnaërdichet vele mēſchē
Leren ſellē blenchē alſe ſterrē in die ewi.

M. Meerman me marque qu'il y en a cinq ou ſix exemplaires connus en Hollande, dont deux d'une autre édition Flamande, qui contient plus d'abbréviations qu'il n'y en a dans ſon exemplaire. Enfin, il y en a une troiſième imprimée à Culembourg près d'Utrecht, par Jean Veldenaer, en 1483, toûjours avec les mêmes planches, mais ſciées en deux par le milieu de l'ornement gothique qui ſépare dans chacune les hiſtoires comparées enſemble. Ces vignettes ſciées en deux annoncent qu'elles ne ſont pas imprimées par le méchaniſme des précédentes éditions, mais ſans doute en noir, comme le Caractère. Au reſte, M. Seitz aſſure que ce ſont les mêmes planches, & dit les avoir examinées ſcrupuleuſement.

Ainſi l'on peut compter ſix éditions différentes de ce livre ſi rare, toutes faites avec les mêmes vignettes ou eſtampes gravées en bois. La différence de ces éditions consiste dans le Caractère servant au texte, qui est imprimé en gris ou en noir, mobile ou non mobile, & enfin dans la langue, qui est latine ou flamande*.

Il y a lieu de croire que les exemplaires latins, où le Caractère est gravé sur des planches fixes & imprimé de couleur grise, comme les vignettes, sont la première de toutes les éditions, d'autant plus que Maittaire nous apprend que le Flamand des autres éditions est la traduction du latin.

L'examen que je viens de faire des différentes opérations par lesquelles ces éditions ont été exécutées, indique assez qu'on ne peut raisonnablement en attribuer l'exécution à une seule & même personne, & encore moins à Coster, que l'on veut nous donner pour

---

* Ces sortes de livres dit *Speculum*, ou Miroirs de la vie humaine, ainsi que les *Donat*, ont servi à essayer les presses d'une partie des premiers établissemens Typographiques. Dès 1468, Sweynheym & Pannartz avoient imprimé à Rome un *Speculum vitæ humanæ* de Rodéric de Zamora. En 1470, Gering imprima le même livre à Paris. Un autre fut imprimé en 1471 à Ausbourg par Zainer.

En 1473, un Chanoine Régulier imprima dans une Abbaye de son Ordre, située à quelques lieues de Lucerne, Canton de la Suisse, un autre *Speculum vitæ humanæ*, avec cette souscription : *Exaratus sine calamo, in villa Beronensi*. Ce Monastère étoit connu sous le nom de *Beronense Monasterium*. Bibliothèque raisonnée, Tom. 25, p. 278.

avoir imaginé un art qui se trouve ici dans une sorte de perfection par rapport à des genres différens, je veux dire les vignettes & le Caractère mobile. Le manque de preuves ne permettant pas de rien dire de positif sur ce point, voici quelles sont mes conjectures.

Je pense que ces 58 vignettes ont été gravées par un des plus habiles Artistes de ce temps, à dessein, comme je l'ai dit, de faire écrire au dessous, après l'impression, une explication de ces figures, telle qu'elle est dans ce livre, pour en faire un objet de commerce ; car il n'est pas vraisemblable que ce Graveur quelconque ait fait ces vignettes avec tant de soin, sans être guidé par des vûes d'intérêt. Après avoir tiré un certain nombre d'exemplaires, un autre se sera avisé de graver tout naturellement, & sans trop d'art, ce même discours sur des planches fixes, & aura ajouté l'impression dessous ces vignettes déjà imprimées. Guttemberg lui-même auroit bien pû avoir eu cette idée, & l'avoir fait exécuter à Strasbourg. Ceci concilieroit

roit tous les bruits répandus dans cette ville & à Harlem, au sujet de ces prétendus vols domestiques. Les bruits publics ne vont guère sans quelque fondement ; ils ne pèchent, pour l'ordinaire, que par les circonstances. La fausseté de celles que l'on a débitées au sujet de l'origine de l'Imprimerie, doit surprendre d'autant moins, qu'elles n'ont été publiées que long-temps après la découverte de cet Art. Je dis donc que Guttemberg auroit pû être assez ingénieux pour penser à se procurer un certain nombre d'exemplaires de ces vignettes toutes imprimées, dont vraisemblablement on faisoit commerce, & à y faire ajouter ce discours, ce qui lui auroit servi d'essai pour exécuter l'idée qu'il avoit de faire des livres, & se mettre en état par-là de s'assurer de la possibilité de son projet. Après s'être défait de ces impressions, il aura été tout de suite à Mayence continuer cet Art, sous le voile du secret ; puis y ayant renoncé, comme nous l'allons voir plus bas, alors ses ouvriers, devenus inutiles depuis l'invention des Caractères de

M

fonte, auront gravé de nouveau des Caractères mobiles, auſſi parfaitement exécutés que ceux qu'ils venoient de faire chez leur maître, & donné ces nouvelles éditions du *Speculum*, en complettant les imperfections qu'ils auront pû recueillir de l'ancienne, & employant de nouveau les vignettes imprimées pluſieurs années auparavant, qui auront pû être reſtées dans quelque magazin. Il n'en aura pas fallu davantage à ceux qui ſe feront ſouvenus qu'anciennement ils avoient vû de ces recueils de vignettes dans leur ville, pour regarder comme voleur celui qui aura eu le génie de les appliquer à un autre art auquel ils n'avoient point penſé, & dont cependant ils voudroient s'attribuer la gloire. Ces prétentions étant déjà ſi embrouillées dans l'origine, il n'aura pas été poſſible d'en diſtinguer les objets dans la ſuite. En effet, le bruit de ces prétendus vols domeſtiques faits par Gensfleiſch, Guttemberg ou Fauſt, répandus également à Strasbourg & à Harlem, ſont ſi confus, ſi vagues & ſi peu vraiſemblables, qu'ils ne peuvent avoir pour origine que des idées sans fondement. S'il ne m'est pas possible de prouver que ces conjectures soient vraies, au moins ne pourra-t-on refuser de convenir qu'elles sont vraisemblables, & c'est tout ce que la disette de preuves nous permet de dire sur cette matière.

Il existe encore deux ouvrages dans le goût de ce *Speculum*, & dont il y a eu aussi plusieurs éditions : ces ouvrages ont pour titre, *Ars memorandi notabilis per figuras*, & *Ars moriendi*, tous deux ornés de figures gravées en bois, ainsi que les discours. On ne connoît en France qu'un exemplaire du dernier, l'autre n'y est connu que par le titre. M. Clément nous a donné la notice des deux *. Le premier a 30 pages *in-folio*, imprimées d'un seul côté ; chaque feuillet est marqué d'une lettre de l'alphabet. Une seconde édition de 1504, postérieure de beaucoup à l'autre, est en 18 feuillets *in-4°*. *L'Ars moriendi* contient 24 feuillets *in-folio*. Les figures & l'explication ne sont

* Bibliothèque curieuse, hist. & critique, *T.* 11. *p.* 140.

imprimées non plus que d'un seul côté de la page ; les feuilles sont pliées du côté de l'impression & encartonnées en un seul cayer, de façon que la feuille du milieu présente à la fois deux figures; les autres se suivent respectivement, les unes à droite, les autres à gauche.

Voici ce qu'en dit M. Clément : *Tout y est grossier & informe, les pages d'écriture ont été gravées toutes entières sur des planches de bois ; elles sont environnées d'un quadre formé tantôt de deux, tantôt de trois lignes inégales, dont la ligne extérieure est tout-à-fait grossière, mince dans un endroit, épaisse dans l'autre, crénelée, cassée & interrompue dans différens endroits. Les Caractères sont épais & joints ensemble, comme s'ils étoient écrits à la main ; ce qui fait voir que cette pièce a été faite avant l'invention des Caractères mobiles. Chaque page d'impression commence par une lettre ornée, comme l'on avoit accoutumé de les dessiner dans les manuscrits. . . . . On y voit des signatures au bas de quelques pages, mais d'autres en sont destituées. Il y a apparence que cette pièce a été impri-*

*mée à la main avant l'invention des pres-
ses* ; on voit que les lignes extérieures de
diverses pages ont coulé en relevant la
forme. Les marges de fond sont inégales,
& se rapprochent ordinairement plus par
en haut que par en bas ; ce qui fait conclure que ces planches de bois ont été po-
sées & imprimées l'une après l'autre. Cette
pièce est grossière & informe en comparaison du SPECULUM SALUTIS.

M. Clément tombe ici dans une contradiction à laquelle il n'a pas pris
garde ; il dit que le discours est gravé
en entier sur des planches, & plus bas,
que quelques *lignes extérieures ont coulé en relevant la forme.* Comment cela
peut-il être, si elles sont fixes sur le
bois ? Quoi qu'il en soit, il annonce
d'autres éditions de cet *Ars moriendi*,
savoir, une seconde *en 14 feuilles in-
4°. imprimées des deux côtés*, dont la
marque du papier est une haute croix éle-
vée sur trois montagnes. Le Caractère est
assez net & demi-gothique, les figures gravées en bois y sont vis-à-vis des ten-
tations ou consolations qu'elles représentent..... Une troisième, toûjours avec

des figures en bois sans date; mais à la fin du livre il y a impressum Nurembergæ, per Ven. Dom. Jo. W. Presbrm. *in-4°. de 14 feuillets.* Voilà trois éditions de ce livre, dont je ne puis rien dire, ne les ayant point vûes; mais j'en connois une, dont j'ai parlé dans ma précédente dissertation, *p. 32* *, qui ne ressemble à aucune de celles-ci, & qui par conséquent fait une quatrième édition de ce livre actuellement si rare. Celle-ci est un petit *in-4°.* de 24 feuillets imprimés d'un seul côté avec de l'encre grise en détrempe, par le moyen d'une presse. Les figures sont sur une page, & l'explication vis-à-vis sur l'autre. Le discours, en Caractères gothiques, est gravé grossièrement sur une planche d'un mauvais bois, où l'on voit des mots entiers traversés d'une raie blanche, occasionnée par la gerçure du bois, ou par des filamens poreux. Chaque page

---

* Cet exemplaire appartient à M. Mariette; il l'a trouvé dans la boutique d'un Libraire, Quai des Augustins, parmi des papiers de rebut destinés à faire des enveloppes. Son goût naturel pour ces anciens monumens, & ses connoissances particulières, lui ont fait découvrir pareillement un exemplaire de l'Histoire de l'ancien & du nouveau Testament en figures, qui avoit été jeté dans le coin d'une cheminée pour allumer le feu.

est encadrée d'un filet simple, taillé sur la même planche ; au bas de quelques-unes de ces pages il y a, entre la dernière ligne & le filet, quelques traits négligemment figurés, comme si on eût voulu imiter des traits de plume. Chaque page commence par une grande capitale gothique, arbitrairement contournée, & la marque du papier est une espèce de roue à pointes. L'inspection de cet ouvrage annonce aussi une ancienneté antérieure à l'idée d'imprimer des livres.

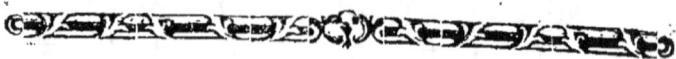

ORIGINE,

Progrès & fin de l'Art Typographique en taille de bois dans la ville de Mayence.

GUTTEMBERG ayant quitté la ville de Strasbourg vers 1444, pour aller exercer à Mayence le nouvel art qu'il venoit de découvrir, ne s'amusa point à en faire de nouveaux essais, comme le prétendent quelques Auteurs : tous ses essais avoient été déjà faits à Strasbourg ; la perfection & la suite non interrompue des éditions qu'il fit paroître, ne permettent pas de penser autrement. Il employa tout de suite cet art à des ouvrages utiles. Le premier que lui attribuent quelques Auteurs, comme Salmuth, est une petite Grammaire latine connue sous le nom de *Donat*, qu'ils disent avoir été faite sur des tables de bois ou planches fixes *in-folio*. Ce livre d'usage, mais peu considérable par l'étendue, a été le premier fruit de cette Typographie naiſſante. Il eſt vraiſemblable en effet, que Guttemberg n'auroit pas eſſayé ſes preſſes par un ouvrage auſſi important que le *Catholicon* qui va ſuivre. Rien de plus naturel que de ſonder auparavant le goût du Public par une petite production, qui n'occaſionnât pas d'abord de grandes dépenſes, & qui le mît dans le cas de voir rentrer promptement ſes fonds.

Ce *Donat* n'eſt plus connu aujourd'hui que par le récit de quelques Auteurs; il n'en reſte aucun exemplaire, que l'on ſache, dont l'exiſtence actuelle ſoit certaine. Cette première édition a été imitée dans une partie des villes qui ont adopté l'exercice de l'Imprimerie dès les commencemens de ſon origine : il y en eut même qui parurent ſans date & ſans nom d'Artiſtes ; ce qui a augmenté la confuſion des idées au ſujet de ce livre, à proportion qu'il a été multiplié. Mais on ne peut douter, après les témoignages répétés de différens Auteurs, que ce premier fruit de l'Imprimerie n'ait exiſté. Comme ils ne font entrés dans aucun détail exact, & que d'ailleurs ce livre n'est plus connu que de nom, il ne m'est pas possible d'en dire davantage à ce sujet. J'ajouterai seulement qu'il y a tout lieu de croire que Guttemberg le fit pour son compte seul, & que ce ne fut qu'après avoir dépensé une partie de son bien à faire les premiers exercices de cet Art, qu'il chercha du secours dans la société de Fauft.

La seconde & dernière production de cette manière d'imprimer avec des planches, sur lesquelles les Caractères étoient gravés en relief & fixes, a été le *Catholicon Johannis Januenfis*, qui a dû faire un gros & grand volume *in-fol.* à en juger par les exemplaires qui nous restent de la seconde édition. La première, ainsi que celle du *Donat*, dont je viens de parler, n'est connue maintenant que par le titre ; mais son existence a été certifiée par l'Abbé Trithème, Auteur contemporain, qui rapporte à ce sujet certaines circonstances. *Ils commencèrent*, dit-il, en parlant de Guttemberg & de Fauft, *par imprimer un vocabulaire intitulé* CA-

THOLICON, avec des Caractères gravés de suite sur des planches de bois ; mais ils ne purent imprimer d'autres choses avec ces planches, attendu que les Caractères n'étoient pas mobiles. Voilà tout ce qu'on sait de positif sur ce sujet, & en même-temps tout ce qu'on en peut dire.

Ce sont-là les deux livres uniques que Guttemberg ait faits par ce premier méchanisme, & cela depuis qu'il quitta Strasbourg, après 1444, jusque vers 1450.

Si les premiers Artistes eussent continué à donner des productions Typographiques dans ce goût, ils auroient eu bientôt rempli des magasins entiers de planches inutiles, & épuisé le bois propre à cet usage. Une grande quantité de planches, de grandeur *in-folio*, qui toutes devoient être absolument saines & sans défauts, pour ne point occasionner de taches dans les lettres, entraînoient nécessairement avec elles beaucoup de déchet. Cela joint à la longueur infinie du travail, les aura obligés à chercher de nouveaux moyens d'exercer cet art & de le perfectionner.

Pour cet effet, ils ont imaginé de séparer les lettres en les sciant sur le bois, afin de les rendre mobiles, & de pouvoir, par ce moyen, en varier la composition à leur gré.

C'est de cette nouvelle manière qu'a été exécuté le troisième livre donné par ces premiers Typographes, qui est une Bible latine en deux volumes *in-folio*, qu'ils imprimèrent entre 1450 & 1455. Cette édition, infiniment précieuse par son antiquité, par son méchanisme & par sa grande rareté, ne se trouve à Paris en entier que dans la Bibliothèque du Roi; celle du Collège Mazarin ne possède que le second volume. J'en ai fait l'examen avec toute l'attention qu'elle mérite, & avec des yeux assez critiques pour apercevoir dans les deux exemplaires des différences que je détaillerai ci-après.

Cette Bible en deux volumes est à deux colonnes de 45 lignes chacune, portant dix pouces huit lignes de haut, sur sept pouces six lignes de large. Elle est très-proprement imprimée sur un fort papier, dont plusieurs feuilles portent la marque de la tête de bœuf. Le

Caractère est demi-gothique & représente l'écriture du temps ; sa grosseur revient à celle de notre *petit Parangon*. Cette édition, que Guttemberg & Fauſt, jaloux de ne pas laisser pénétrer leur secret, avoient dessein de faire passer pour manuscrite, ne porte avec elle aucune marque particulière qui puisse indiquer l'art avec lequel on l'a faite : les ornemens ni les grandes lettres n'y sont point imprimés ; ceux qu'on y voit ont été dessinés & peints à la main, en tête de tous les chapitres, où l'on avoit laissé pour cet effet une place vuide. Les sommaires sont aussi écrits à la main en lettres rouges, & non imprimés, toutes choses favorables à la séduction, & qui n'ont pas peu contribué à faire prendre ce livre pour manuscrit, surtout dans un temps où l'art n'étoit pas encore connu. Les Caractères de ces sommaires ont la même grosseur & la même forme que ceux du texte ; ils partent d'une main sûre, exercée & très-habile : ceux-ci n'en diffèrent que parce qu'ils n'ont pas tout le moëlleux que la plume a su mettre dans les autres : l'outil tranchant n'a pas coupé le bois dans la rondeur des traits avec autant de hardieſſe que la plume les a formés. Toutes ces petites pièces de bois n'ont pû être taillées aſſez juſtes, pour que toutes les lettres ſoient exactement en ligne : l'eau avec laquelle on a lavé les formes, a auſſi cauſé quelque deſordre, en tourmentant ces petits morceaux de bois ; ce qui fait que quelques lettres montent ou deſcendent les unes plus que les autres. Au reſte, ce livre eſt parfaitement bien imprimé, d'un noir égal & ſoûtenu : on n'y voit d'autre ponctuation que le point, le point interrogant & les deux points, & ce ſont-là très-ſouvent les ſeuls eſpaces qui ſervent à ſéparer les mots.

La mobilité des lettres eſt ſenſible ; on aperçoit entre chacune d'elles des ſéparations qui ne laiſſent aucun doute ſur ce point, à l'exception des lettres doubles ou triples, liées & gravées ſur une même tige, pour diminuer le nombre des pièces mobiles, & en même-temps par la néceſſité où l'on étoit d'accoler les lettres minces à d'autres, pour les mettre en état de foûtenir l'effort de la preffe fans fe caffer ; ce qui a produit ici une grande quantité de ces lettres doubles, comme dans la feconde & la troifième édition du *Speculum*, qui font des ouvrages poftérieurs à celui-ci. Ces lettres font certainement de bois, & non de fonte, comme l'a avancé trop légèrement Trithème, faute d'avoir les connoiffances qui conftituent l'Artifte.

L'inégalité des lettres prouve ce que je viens d'avancer. Pour s'en convaincre, il n'y a qu'à regarder attentivement les lettres de même efpèce, & comparer les *a* avec les *a*, les *b* avec les *b*, & ainfi des autres ; on y trouvera des différences de forme, & même de groffeur, affez fenfibles pour qu'on ne puiffe révoquer en doute qu'elles n'ont pas été faites par le moyen des matrices, autrement il faudroit fuppofer qu'on auroit confidérablement multiplié ces matrices ; fuppofition d'autant plus ridicule, qu'il ne pouvoit réfulter de cette multiplication, comme je l'ai déjà dit, qu'un travail prodigieux, tout à-fait inutile, & contraire à la perfection de l'ouvrage. On a varié la forme de différentes lettres, pour imiter plus parfaitement l'écriture ; on voit trois ou quatre *d* différens, autant de *g*, & ainsi de quelques autres lettres. Mais ce qui prouve décisivement que ces Caractères sont de bois, ce sont les différences notables que l'on aperçoit dans les mêmes formes, soit pour la grandeur, soit pour la grosseur. Dès la première page du second volume de l'exemplaire qui est dans la Bibliothèque du Roi, on trouvera, en examinant les différentes lettres de la première ligne, que les *s* finales sont plus ou moins ouvertes, plus ou moins arrondies. Dans le seul mot *Zachariam*, on apercevra visiblement des différences dans les trois *a* : il en est de même par rapport aux *u* & aux autres lettres. Mais ce qu'il y a de plus sensible, c'est que les figures qui sont d'une moindre importance, comme celles des points, des deux points, des points interrogans, & que l'on a travaillées par conséquent avec moins de soin & d'attention en deux ou trois coups de pointe, se sentent de cette

cette façon de faire, & de cette espèce de négligence; ils sont plus ou moins gros, plus ou moins grands, plus ou moins arrondis; la forme du point est quarrée, ou bien elle représente celle d'une virgule matte & renversée, que l'outil a rendue grossièrement; toutes choses qui ne peuvent avoir lieu dans des Caractères fondus par le moyen des matrices, & qui font voir clairement que ceux-ci sont de bois, d'autant plus qu'on ne les trouve employés nulle autre part que dans les éditions de cette Bible, ce qui prouve encore que c'est celle dont parle Trithème, & qu'il fait commencer vers 1450 par Guttemberg & Fauft.

M. l'Abbé Sallier ayant acquis ce précieux monument de la Typographie en 1739, pour la Bibliothèque de Sa Majesté *, en a fait le sujet d'une dissertation curieuse, où règne autant d'érudition que de goût, & qui a été imprimée dans le Tome XIV. des Mémoi-

* Cet exemplaire a été tiré de la poussière d'une Bibliothèque des Cordeliers de Moutiers, capitale de la Tarentaise. Il fut acheté un demi-écu par un Curé d'Annecy en Savoie, qui l'envoya à Paris.

res de l'Académie des Belles-Lettres, dont il est membre.

Cette dissertation a été vivement attaquée sur l'article de l'existence de cette Bible, par M. Clément, dans le 4e Tome de sa *Bibliothèque curieuse, historique & critique.* Plus les lumières de M. Clément sont étendues, plus son mérite personnel est grand, plus aussi les fautes qui lui sont échappées deviendroient contagieuses, si elles n'étoient relevées. Comme ce qu'il dit au sujet de cette Bible, ne peut servir qu'à augmenter les ténèbres qui couvroient déjà la partie historique de l'Imprimerie, & que cet écrit a principalement pour objet de les dissiper, je vais prendre la liberté de faire voir qu'il n'a pas bien entendu cette partie. Parmi le grand nombre de ses connoissances, celle-ci peut lui être moins familière, & c'est au contraire la seule à laquelle je puisse aspirer.

Pour nier l'existence de cette Bible avec plus d'éclat, M. Clément commence par citer quinze Auteurs qui en parlent, puis il se rabat sur la dissertation de M. l'Abbé Sallier, & prétend qu'il s'eſt trompé ſur la groſſeur du Caractère, ſur le temps de l'exécution, & enfin ſur l'exiſtence. Suivons-le dans ſes preuves, on verra qu'elles ne lui ſont pas auſſi favorables qu'il le penſe.

M. l'Abbé Sallier a comparé la groſſeur du Caractère de cette Bible à celle de notre *petit Parangon*, comme l'Auteur de la Chronique de Cologne l'avoit comparé aux Caractères qui ſervoient pour les *Miſſels* de ſon temps. *Le Journaliſte de Berlin*, cité par M. Clément, a donné en 1747 la deſcription de la même Bible qui ſe trouve en vélin dans la Bibliothèque du Roi de Pruſſe * : il dit que le Caractère eſt de la groſſeur de celui que les Imprimeurs nomment *Parangon antiqua*. Or le *Parangon antiqua* en Allemagne, eſt le Caractère que nous nommons en France *petit Parangon*, qui eſt celui dont on s'eſt ordinairement ſervi pour la compoſition des livres d'Égliſe appelés *Miſſels*, & auquel le Chroniqueur de Cologne avoit comparé les Caractères

* Berliniſche Bibliothec. *Tom.* 1. *p.* 278.

de la Bible dont il s'agit. Voilà donc trois Auteurs qui s'accordent à établir ce fait. M. Clément ne veut pas d'abord que l'on s'en rapporte à ce Chroniqueur de Cologne, dont la foi lui eſt ſuſpecte, parce qu'il a erré ſur d'autres chefs. Il s'eſt bien trompé effectivement ſur des faits qu'il cite d'après Ulric Zell ; mais il y auroit de l'injuſtice à conclure de-là qu'il eſt également fautif partout ailleurs, ſurtout lorſque ſon témoignage ſe trouve d'accord avec celui de pluſieurs autres Auteurs. Il paroît au contraire qu'il parle de ce livre en témoin oculaire, & d'après ſes propres connoiſſances, puiſqu'il en compare le Caractère avec celui des Miſſels de ſon temps.

La Chronique de Cologne, dit M. Clément, *ne parle point de* PARANGON ANTIQUA.... *Il y a bien de la différence*, ajoute-t-il, *entre le Caractère que les Imprimeurs appellent* MISSALIS, *& le Parangon antiqua.* Plus haut il avoit dit : *Si nous ſuppoſons que la première Bible a été imprimée en Caractères de* MISSEL, *cela ne conviendra ni aux deux Bibles de*

Paris, dont M. *Sallier* a parlé, ni à celle de *Berlin*, ni à celle que M. *Schwartz* a indiquée dans son Index novus librorum.... *Toutes ces Bibles étoient en Parangon ; & qui ne sait la différence qu'il y a entre le Parangon & le Missel ?* Sans doute, la différence est grande, & de plus de moitié ; mais tout le monde n'est pas en état de la sentir, comme le suppose M. Clément, puisqu'en France, en Italie, en Angleterre, on ne connoît point de Caractère nommé *Missel* ou *Missalis*, mais seulement en Allemagne, où nos *double* & *triple Canons* sont distingués par les noms de *Grobe Missal* & *Klein Missal*. Si M. Clément s'étoit aperçu qu'il prenoit le change sur une équivoque, il auroit certainement eu regret à l'érudition qu'il a mise dans cet endroit. Il est évident que le Chroniqueur n'a point voulu parler de *Parangon antiqua*, ni encore moins de Caractère dit *Missel*, comme l'entend ici M. Clément, mais seulement d'un Caractère semblable à celui qu'on employoit pour les livres appelés *Missels*, ce qui devient bien différent. De même, quand

M. l'Abbé Sallier parle de *petit Parangon*, il ne veut pas dire qu'on appeloit dans ce temps-là ce Caractère de ce nom ; ce n'eſt non plus qu'une pièce de comparaiſon qu'il fournit au lecteur. En 1499, temps où ce Chroniqueur écrivoit, il n'y avoit point de noms attributifs à la groſſeur des Caractères. Cependant M. Clément, toûjours occupé de cette idée de Caractère de *Miſſel*, qu'il a mal compriſe, la ſoûtient en diſant : *M. Schwartz indique, à la vérité, une Bible* SANS DATE, *dans ſes* Documenta de Origine Typographiæ, *& dit qu'il l'a vûe dans la Bibliothèque des Chartreux près Mayence, mais qu'on en avoit enlevé les derniers feuillets.... M. Schwartz, ajoute-t-il, croit que c'eſt la vraie Bible dont il eſt parlé dans la Chronique de Cologne. Les Caractères lui ont paru ſemblables à ceux du Pſeaütier de 1457.* Si les derniers feuillets, ſur leſquels on mettoit ordinairement la ſouſcription, manquoient à cet exemplaire, comment a-t-on pû ſavoir s'il étoit *ſans date ?* Une choſe plus forte, à laquelle M. Clément n'a pas penſé en citant ce paſſage de M. Schwartz, c'eſt que, ſi les Caractères de cette Bible euſſent été ſemblables à ceux du *Pſeautier de 1457*, ou de *Miſſel*, comme il le nomme, elle auroit formé pour le moins douze volumes *in-fol.* au lieu de deux. L'erreur de M. Schwartz eſt auſſi viſible que celle de M. Clément.

Le temps où l'on a commencé la Bible de Mayence, & les grands frais qu'elle a d'abord occaſionnés, ſont de nouveaux ſujets de doute pour M. Clément. *M. Sallier*, continue-t-il, *ſentant bien la difficulté qu'il y avoit de fixer l'année d'une ſemblable impreſſion, ſe contente de dire, en général, qu'elle a été imprimée entre 1450 & 1462*. M. l'Abbé Sallier n'ayant à conſtater que l'exiſtence de cette Bible rare, dont il donne la deſcription, a pû le faire ſans entrer dans des détails inutiles à ſon objet, & ſe contenter d'en fixer *en général* l'exécution entre 1450 & 1462, ce qui eſt vrai. Pour s'en convaincre, il ſuffit de ſuivre, d'un côté les opérations des premiers Artiſtes, & de l'autre les témoignages des Auteurs qui en ont parlé.

Guttemberg a commencé l'exercice de cet Art vers 1445, temps où il quitta Strasbourg. Il a fait d'abord le *Donat* & le *Catholicon*, dont l'exécution a pû durer cinq ou six ans, eu égard à la longue opération des Caractères fixes sur les planches; cela nous conduit vers 1450 ou 1451. L'Abbé Trithème, Auteur contemporain, dit qu'en ce temps-là ils firent avec beaucoup de soins & de peines une Bible latine, pour laquelle il annonce un nouveau méchanisme de Caractères. La Chronique de Cologne confirme la même chose. Dans la souscription qui est à la fin de l'ouvrage de Trithème, intitulé *Compendium de origine Regum & gestis Francorum*, imprimé en 1515, par Jean Schoiffer, fils de Pierre Schoiffer Inventeur de l'Art, & qui est citée par M. Clément, il est dit *que l'Imprimerie s'est commencée en 1450, & complétée en 1452;* ce qu'il faut entendre de cette première invention des Caractères mobiles de cette Bible, qui est le commencement du véritable Art Typographique, suivant ce témoignage de Jean Schoiffer, qui en parloit en Artiste ; ce qui avoit précédé appartenoit encore à l'art de la taille des images. La Gravure de vingt-cinq ou trente milliers de petites pièces mobiles, a bien pû durer depuis 1450 jusqu'en 1452, qui est l'année où Jean Schoiffer dit que l'Imprimerie fut *complétée*. Voilà donc une Bible latine bien décidément commencée dans ce temps. La rupture de société entre Guttemberg & Faust nous fait connoître qu'elle étoit finie en 1455, puisque dans la pièce originale qui nous en reste, il paroît que Guttemberg avoit achevé l'ouvrage. La querelle survenue entre ces deux premiers associés regardoit uniquement des intérêts que l'un demandoit, & que l'autre ne vouloit pas payer. L'ouvrage étoit fini en 1455, puisqu'ils se rendoient compte.

Ce qui jette de nouveau M. Clément dans le doute, ce sont les grands frais, dit-il, qui étoient faits dès le commencement de cet ouvrage, en prenant à la lettre les paroles de Trithème, qui dit que ces Imprimeurs avoient dépensé plus de quatre mille florins avant d'avoir fini la quatrième feuille. C'étoit donc une raison de plus pour ne pas laisser imparfait un ouvrage qui avoit occasionné déjà tant de dépenses. M. Clément ne fait pas réflexion qu'il est impossible que ces premiers associés aient employé quatre mille florins, qui étoient une somme considérable dans ce temps-là, pour faire seulement quatre feuilles d'impression, ou quatre cayers, comme il le dit, surtout étant pour lors au fait de leur art qu'ils avoient déjà pratiqué, & dans lequel ils avoient seulement fait quelques changemens. Trithème cite cette somme d'une manière vague, & sans vouloir la déterminer d'une façon absolue, comme je l'ai fait voir ci-devant: il veut seulement donner à entendre en général, que les frais faits à l'occasion de cette Bible étoient considérables; autrement il faudroit convenir qu'il s'est visiblement trompé, puisque tous les frais, en y comprenant les intérêts, ne montoient, suivant le mémoire produit par Fauft, qu'à 2020 florins, ce qui est démontré par la pièce originale dont j'ai rapporté ci-dessus la traduction.

Ces intérêts arrêtent encore notre Critique. Par le détail qu'il en donne à six pour cent par an, il fait remonter lui-même le prêt des premiers 800 florins fait à Guttemberg, au 22 Août 1450, puis le prêt des 800 autres florins, en 1452; & confondant parmi ces frais & dans ce temps la fabrique du *Catholicon*, il en conclud que la Bible n'a pû être commencée qu'en 1454, & que la dissention de Guttemberg & de Fauft étant survenue en 1455, il n'est pas possible qu'elle ait été achevée. Mais il y a ici plusieurs erreurs; la première est qu'on ne peut décider le temps où a été fait le prêt des seconds huit cens florins, puisque Guttemberg se plaint de ce qu'ils ne lui ont pas été donnés à la fois, mais peu à peu & en différens temps, *pourquoi il n'entend point en payer d'intérêts*. La seconde, c'est que M. Clément met dans ce même temps l'impression du *Catholicon*, qui cependant avoit précédé, & dont il n'étoit point question dans ces comptes, mais seulement de la Bible; ainsi le calcul qu'il a fait devient preuve contre lui-même.

On ne peut donc difconvenir que cet ouvrage a été commencé & fini de 1450 à 1455, & qu'il exifte, puifque les Auteurs qui en ont parlé, & que cite M. Clément, font tous d'accord fur le temps, le format, le Caractère, le méchanifme, à quoi j'ajoute cette nouvelle mobilité de Caractères de bois qui annonce les progrès de cet Art naiffant, qui fe trouve cadrer parfaitement avec le temps, avec les Artiftes, & qui diftingue & caractérife particulièrement cette Bible.

Cependant M. Clément faifant triomphe des preuves qu'il a données contre fon exiftence, s'écrie : *Comment prouvera-t-on à préfent qu'il y a une Bible au monde antérieure à celle de 1462 ?* plus bas, il ajoute : *Il me femble à préfent que l'édition de 1450 eft chimérique, & que les éditions antérieures à celle de 1462 font bien douteufes.... & courent grand rifque d'être reléguées pour toûjours dans le royaume des apparences, fans jamais acquerir aucun degré de certitude.*

Pour un Critique favant & éclairé, tel que M. Clément, c'eft s'appuyer bien fortement fur de foibles preuves. Après avoir nié l'exiftence de cette Bible, que l'on doit regarder comme le premier chef-d'œuvre Typographique, il feroit bien étonné fi on lui faifoit voir qu'il en exifte deux éditions différentes, faites l'une fur l'autre, ligne pour ligne, colonne pour colonne, page pour page, & avec les mêmes Caractères de bois. Plus on perce avec des yeux critiques dans l'origine de l'Imprimerie, plus on y découvre de chofes intéreffantes qui n'étoient point connues. La preuve de cette feconde édition me fervira auffi à fixer la réfidence de Guttemberg à Mayence.

Dans le parallèle que M. l'Abbé Sallier fit des deux exemplaires de cette Bible connus à Paris, l'un dans la Bibliothèque du Roi, qui eft complet, l'autre dans celle du Collège Mazarin, qui n'a que le fecond volume, il remarqua dans la première ligne du fecond volume, qui eft ainfi, *Jungat epiftola quos jūgit facerdotiū : im-**, que ce mot

---

* Il y a une faute effentielle d'impreffion dans l'endroit des Mémoires de l'Académie où cette ligne eft rapportée ; on y a jūgit étoit ainſi abrégé dans l'exemplaire du Roi, au lieu qu'il étoit entier, *jungit*, dans l'autre exemplaire, ce qui lui fit ſoupçonner une ſeconde édition. Cet exemple ſeul eût été inſuffiſant pour prouver le fait, c'eſt ce qui m'a obligé à examiner ces deux exemplaires avec l'attention la plus ſcrupuleuſe. Pour cet effet, j'ai copié fidèlement pluſieurs lignes ſur l'exemplaire du Roi ; j'ai tenu une note de certains nombres de lignes, alinea, placemens de premières lettres de chapitres, & autres choſes qui caractériſoient les pages que je voulois comparer ; j'ai meſuré la hauteur des colonnes, la largeur des lignes ; & pour plus grande ſureté, j'ai calqué exactement quelques lignes ſur du papier verni tranſparent : muni de toutes ces remarques, j'ai fait avec une égale attention l'examen du ſecond volume qui eſt au Collège Mazarin, & j'ai trouvé d'abord, par l'application de mes lignes calquées, qu'elles occupoient la même

---

mis à la fin *imp-* pour *im-* ; ce *p* de trop a fait croire encore à M. Clément que cette Bible n'étoit pas la même que celle du Roi de Pruſſe.

place sur ce second exemplaire, &
qu'elles rentroient, lettre pour lettre,
les unes sur les autres, comme si elles
eussent été calquées sur ce modèle : cela prouve d'une manière décisive que
c'est le même Caractère qui a servi à
faire l'un & l'autre exemplaire ; ce qui
d'ailleurs est sensible à la vûe par la ressemblance parfaite desdits Caractères,
& par leur grosseur qui est absolument
la même. Les chapitres & les pages de
ces deux exemplaires commencent &
finissent de la même manière, & se suivent ainsi jusqu'à la fin du livre, dans le
même goût & avec les mêmes alinea.
Ces deux seconds volumes commencent également par deux lignes manuscrites en rouge, ensuite ces mots *Jungat epistola*, &c. forment le commencement de l'impression de la première
colonne ; celle du verso commence par
me & non ; la seconde colonne par *Deo
& hominibʒ* ; la 3ᵉ page, 1ʳᵉ colonne, par
stultoʒ exultatio ; 2ᵉ colonne, *mee inclina* ; la 4ᵉ page, 1ʳᵉ colonne, par *principem
parat* : cette colonne finit en bas par *na
plurima*, & le reste de la ligne est égale-

ment vuide; la 2ᵉ colonne de cette 4ᵉ page commence le second chapitre *Fili mi cuſtodi*. Cette reſſemblance apparente de Caractère, de compoſition, de goût, de manière de faire, étoit bien capable de tromper les Bibliographes ſur cette double édition, & de les empêcher de la reconnoître. Cependant, en y regardant de près, il y a des marques aſſez ſenſibles pour la diſtinguer. J'ai remarqué dans ces deux exemplaires beaucoup de mots différemment compoſés, qui ne permettent pas d'avoir aucun doute ſur cette ſeconde édition. Nous avons vû le mot *jūgit* abrégé dans la première ligne d'un exemplaire, pendant qu'il eſt plein dans l'autre. La ſeconde colonne de cette première page commence également dans chaque exemplaire par ces mots du premier chapitre des Proverbes de Salomon, *Parabole Salomonis*, avec cette différence, que la place laiſſée vuide pour y peindre le P, eſt de trois lignes géométriques plus large dans l'exemplaire du Roi que dans l'autre, ce qui fait que les ſix lignes reculées

pour

pour placer ce P, font plus courtes ; c'eſt pourquoi on a employé dans cet endroit plus d'abréviations, afin de regagner par la compoſition ce que l'on donnoit à la place. La première colonne de la quatrième page de l'exemplaire du Roi commence, comme je viens de le dire, par *principem* : ce mot, dans celui du Collège Mazarin, eſt ainſi abrégé, *principē*. Cette même colonne finit dans ce dernier exemplaire par ces deux mots entiers, *dona plurima ;* dans l'autre il y a *na plurima*. Chaque page fournit de pareils exemples, qui à la vérité ne changent rien au local ni à l'inſpection apparente des feuilles, mais qui prouvent clairement que les unes ont ſervi de copies aux autres. J'ajouterai encore un exemple en faveur de ceux qui voudront ſe donner la peine de confronter ces mêmes Bibles. Les deux exemplaires finiſſent également par le *folio verſo*, dont la première colonne eſt entière, la ſeconde ne contient que ſept lignes. Dans l'exemplaire du Roi, la première de ces ſept lignes commence ainſi, *Deus ſup illum,* la dernière est, *Gra Dñi nostri ihesu cristi cũ omnibus vobis*, sans point à la fin faute de place. Dans l'exemplaire du Collège Mazarin, cette dernière colonne commence de même, mais le troisième mot est abrégé, *Deus sup illũ*; la dernière ligne a souffert aussi des changemens dans la composition: la voici, *mini nr̄i ihesu cristi cũ omnibis vobis amē*, avec un gros point en forme de virgule couchée. Donnons encore une preuve bien sensible de cette double édition. Il y a, comme je l'ai dit, des *d*, des *g*, & d'autres lettres, qui ont différentes figures; ces lettres sont employées diversement dans les deux exemplaires, de façon que les mêmes mots varient souvent par ce changement de lettres, sans parler de certains mots plus ou moins abrégés.

Voilà donc bien certainement deux éditions de cette Bible sans date, que l'on a toûjours regardées jusqu'à présent comme n'en faisant qu'une. Elles sont faites l'une sur l'autre, & avec les mêmes Caractères mobiles de bois. J'y ai remarqué encore une différence essentielle : on a tenu la justification des colonnes de l'exemplaire du Roi d'environ une ligne géométrique plus large, ce qui fait que les deux colonnes ensemble ont deux à trois lignes de largeur de plus que celles de l'exemplaire du Collège Mazarin, qui sont aussi un peu moins hautes sur la totalité des 45 lignes. Cette longueur de plus donnée aux lignes de l'exemplaire du Roi, caractérise la seconde édition; il étoit tout naturel d'élaguer ces lignes, pour rendre la composition plus aisée, & diminuer un peu le nombre des abréviations. La hauteur des pages, qui diffère, tantôt un peu plus, tantôt un peu moins, & d'environ une ligne géométrique, quoique chaque colonne soit également composée de 45 lignes dans les deux éditions, paroîtroit contradictoire avec ce que je viens de dire, que c'est le même Caractère qui a servi à faire l'une & l'autre. Cette difficulté m'avoit d'abord arrêté, mais une réflexion bien simple a tout fait rentrer dans l'ordre. L'exemplaire du Collège Mazarin est sur vélin, & c'est le plus court ; celui du Roi est sur un fort papier. Personne n'ignore que le parchemin ou vélin étant mouillé, comme il faut qu'il le soit pour l'impression, s'étend beaucoup plus que le papier, & qu'il peut s'alonger d'une à deux lignes géométriques sur la hauteur d'un *in-fol.* donc en séchant il doit se raccourcir de la même quantité. L'impression ne peut manquer de se ressentir de cette petite variation, & c'est ce qui a produit la différence dont il s'agit ici, laquelle, sans cette explication, auroit pû faire le sujet d'une critique mal fondée.

Si l'on supposoit pour un moment, dit M. Clément, *que cette première Bible ait été rachevée, & qu'elle n'ait point de date, à quoi la pourroit-on discerner ?* Voici comment on peut non seulement la discerner, mais encore distinguer la première édition de la seconde, & même les Artistes qui les ont faites.

On discernera cette Bible de tous les autres ouvrages de ce genre, comme l'on distingue & reconnoît dans les Arts différentes pièces, par le goût, par le ton & par la manière de faire, relatifs aux temps & aux Artiftes à qui on les attribue. Cette Bible a des marques diftinctives qui lui font propres, & tout contribue à lui affurer la primauté. Ces deux éditions ont certainement été faites par Guttemberg & Fauft : voici comme je le prouve. Les premiers Auteurs qui ont parlé de l'Imprimerie, difent que Guttemberg & Fauft firent une Bible latine vers 1450, qu'ils la firent faire fous le fceau du fecret, qu'elle donna beaucoup de peine par une nouvelle manière de faire, & qu'enfin elle fut vendüe pour manufcrite. Or il n'y a que cette Bible latine au monde, à laquelle on puiffe appliquer ces particularités, qui s'y trouvent exactement vraies. On y voit cette nouvelle manière de faire réalifée par un nouveau méchanifme de Caractères mobiles, qui étant de bois, annoncent inconteftablement les premiers progrès du nouvel Art, & démontrent qu'ils font antérieurs à ceux de fonte, qui n'ont paru qu'en 1459 ; par conféquent cette édition fe trouve par-là rapprochée vers 1450. Elle a été faite fans aucune marque de la gravure en bois ; les sommaires sont écrits à la main en lettres rouges, & non imprimés; les grandes lettres sont peintes dans des places que l'on a laissées vuides exprès. Ces sommaires écrits, en annonçant l'ancienneté de cette Bible, marquent bien clairement le dessein que ces Imprimeurs avoient de la faire passer pour manuscrite. Enfin la forme du Caractère est si exactement dans le goût des Caractères de fonte que Schoiffer fit peu après, les contours & la figure sont si parfaitement les mêmes, qu'avec des connoissances médiocres & un talent très-ordinaire on les reconnoît tout d'un coup pour être de cet Artiste, qui, comme on sait, travailloit sous Guttemberg & Faust, de même qu'on reconnoît les pièces d'écriture d'un écrivain, & qu'on les distingue de celles d'un autre maître. On est donc forcé de convenir que ces marques assurent à cette Bible le droit d'ancienneté sur toute autre production régulière de l'Art Typographique.

Si ces preuves ne suffisent point, en voici une autre prise d'une singularité de travail qui est propre aux premiers

Typographes, & dans laquelle ils n'ont point été imités par d'autres : c'est l'usage qu'ils ont constamment observé dans toutes leurs Bibles, de ne point imprimer les capitales qui sont au commencement de chaque verset du livre des Pseaumes, pendant que dans tous les autres livres de ces mêmes Bibles les lettres capitales sont imprimées partout.

Dans l'exemplaire du Roi, on voit à ce livre des Pseaumes, qui termine le premier volume, une place que l'on a laissée en blanc à l'impression, à la tête de chaque verset : cette place vuide a été remplie à la main ; on y a peint chaque capitale trois fois plus grande que celles qui sont imprimées dans le corps de la Bible. Je ne parle point des grandes majuscules ou lettres initiales, j'ai dit qu'elles étoient peintes ; il ne s'agit ici que des capitales proprement dites. Je n'ai pû vérifier cette singularité sur l'édition dont il n'y a que le second volume au Collège Mazarin, parce que ce volume ne contient point les Pseaumes ; mais M. Meerman, dont j'ai déjà parlé, a bien voulu m'envoyer la copie d'un

Pseaume exactement calquée sur une Bible originale, semblable à celle du Collège Mazarin, qui se trouve dans la Bibliothèque de la Commanderie de S. Jean de Jérusalem à Strasbourg. Cette copie calquée est celle du Pseaume *Laudate Dominum in sanctis ejus*, qui est le dernier, & qui termine ce premier volume. Il est composé de sept lignes, à la fin de la première desquelles se trouve un alinea fort inutile, de même qu'un autre à la fin de la dernière, ce qui est parfaitement conforme à l'exemplaire du Roi, sur lequel j'ai présenté ce fragment à l'endroit du même Pseaume; mêmes alinea, mêmes Caractères, même nombre de lignes & mêmes capitales peintes, enfin même façon de faire, sans que ce soit la même édition : car ce fragment présente aussi les différences qui caractérisent les deux éditions; les lignes sont un peu plus étroites que celles de l'exemplaire du Roi, & se trouvent rentrer avec la plus grande justesse sur celles de l'exemplaire du Collège Mazarin, sur lequel je l'ai aussi présenté : outre cela on y voit les mêmes variations de composition, c'est-à-dire, des mots plus ou moins abrégés.

Voilà donc encore ces deux éditions conformes en cette partie. Or cette singularité de capitales peintes seulement dans le Pseautier de la Bible, appartient aux Inventeurs de l'Imprimerie ; car on la trouve encore, uniquement à l'endroit des Pseaumes, dans la Bible de 1462, qui porte les noms de Fauft & de Schoiffer, de même que dans celle de 1472, imprimée par Schoiffer seul, dont il y a un exemplaire complet dans la Bibliothèque du Collège Mazarin.

Je demande à présent si après des manières de faire si constantes, si singulières, reconnues par ces derniers exemples pour être des premiers Artistes, on peut leur refuser l'exécution de ces deux Bibles sans date, surtout après le témoignage de plusieurs Auteurs contemporains qui disent qu'ils firent une Bible latine vers 1450. Y en a-t-il une autre au monde que l'on puisse substituer à celle-ci ?

Ce que j'ai dit au sujet de ces deux éditions sans date, prouve évidemment la fausseté d'une souscription manuscrite qui fe trouve en lettres rouges à la fin du premier volume de cet exemplaire de Strasbourg, immédiatement après ce dernier Pfeaume *Laudate Dominum in fanctis ejus*, & qui m'a été également envoyée. La voici :

>Explicit pfalterium ed.
>p mgrm heinricum
>Eggeftein anno lxviij.

Le P. Weiflinger * cite cette foufcription prife fur ce même exemplaire de Strasbourg : à ce fujet M. Clément dit, que *ces notes à la main font fujètes à caution* **. Il a raifon, car encore que celle-ci paroiffe avoir été écrite dans l'année 1468, de la même main que les fommaires, & auffi en rouge, elle n'en eft pas moins fauffe. Eft-il poffible de croire qu'en 1468, dix ans après l'invention des Caractères de fonte, dans un temps où l'on faifoit ufage de ces derniers à Mayence, à Rome, en différens endroits de l'Allemagne, à Strasbourg même, Eggeftein eût été réduit à fculpter des Caractères fur le bois, pour imprimer une ou deux Bibles latines,

* *Catalogus librorum impref forum in Bibliotheca Ordinis S. Johannis Hierofolymitani affervatorum.* Argentorati. 1749. p. 13.
** Bibliothèque curieufe, hiftorique & critique. T. 2. p. 141.

fans titres, fans fommaires, fans aucune chofe en un mot qui annonçât les progrès de cet Art? dans une ville enfin où l'on donne à Mentel une Bible allemande imprimée l'an 1466 en Caractères de fonte, & où cet Eggeftein en faifoit ufage lui-même ? car en 1471 il avoit déjà imprimé un livre plus grand & plus épais que tous les *in-folio* qui avoient été faits à Mayence. Ce livre contient le Decret de Gratien * : le texte eft imprimé dans le milieu de la page avec un Caractère de fonte de la groffeur du *gros Parangon*, & entouré artiftement par la glofe compofée en Caractères de la groffeur de celui que l'on appelle *S. Auguftin* : ni l'un ni l'autre ne reffemblent à celui de cette Bible. Ce volume, qui eft très-gros & d'une compofition méchanique difficile, n'a pû être fait fans exiger beaucoup de temps, & il n'eft sûrement pas le premier qui ait été exécuté de cette manière par cet Imprimeur : nous devons donc remonter plus haut que 1468 ; & comme cet ouvrage n'a aucuns traits de reffemblance dans

---

* Il y en a un exemplaire dans la Bibliothèque de Sorbonne, où je l'ai vû.

les Caractères, dans le goût ni dans l'exécution avec cette Bible en Caractères de bois, on doit en conclure tout naturellement qu'Eggestein n'a point imprimé cette dernière.

Il est très-vraisemblable que cette souscription n'a point de rapport à l'impression de ce livre, mais seulement au temps où l'on a écrit les sommaires ou rubriques de cet exemplaire, & il est très-possible qu'Eggestein ait été lui-même l'écrivain. Ce qui confirme cette idée, c'est qu'Eggestein étoit Maître-ès-Arts, suivant qu'il l'annonce lui-même à la fin de ce Decret de Gratien que je viens de citer. Or l'on sait que ceux qui faisoient le métier d'écrivains étoient pour la plufpart lettrés, & que ce font eux qui les premiers ont fait ufage de l'Imprimerie. Il feroit donc très-possible qu'il eût rubriqué cet exemplaire dans ce temps. Cette singularité de date, LXVIII, qui fuppofe auparavant, MCCCC, ne paroît être faite que pour l'écrivain, & non à deffein d'inftruire la poftérité. C'eft à M. Meerman que j'ai obligation de cette remarque; & pour l'appuyer, il m'a fait l'honneur de me marquer que M. Schœpflin, célèbre Professeur de Strasbourg, dont j'ai parlé plus haut, lui a écrit qu'il avoit découvert que Mentel étoit un de ces écrivains qu'on appeloit en langue vulgaire *Gulden Schreiber*, c'est-à-dire, qui ajoutoit les lettres initiales peintes en or ou en couleur. D'un autre côté M. Schelhorn nous apprend * qu'il existoit dans la Bibliothèque de M. Krafft une Bible allemande, sans nom de lieu, de temps ni d'Artistes, mais où la main qui avoit écrit les rubriques avoit aussi écrit cette souscription : *An. Dn. millesimo quadringentesimo septuagesimo tertio finitum est presens opus* ; & à côté, sur la feuille collée à la couverture, étoit une autre note manuscrite du possesseur de ce livre, nommé *Jean Gmist*, qui dit qu'il l'a acheté & fait rubriquer en cette année 1473 **. Tout cela suffit pour résoudre les difficultés qu'auroit pû oc-

* *Amœnitates Litterariæ.* Tom. 3. p. 29.
** Cela fait voir que les premiers Imprimeurs ne faisoient pas toûjours rubriquer & peindre tous les exemplaires de leurs ouvrages, & qu'ils en vendoient qui n'étoient ni peints ni rubriqués ; on en peut juger par les exemples ci-dessus. Ce qui le prouve encore, c'est que dans l'exemplaire du Decret de Gratien imprimé par Eggestein, qui est dans la Bibliothèque de Sorbon-

cafionner cette note d'Eggeſtein *.

Il me reſte un mot à dire ſur l'idée qu'ont eue ces premiers Artiſtes, en faiſant peindre les capitales de chaque verſet plus grandes & plus ſenſibles qu'elles ne l'auroient été ſi on les eût imprimées avec les capitales ordinaires. Comme les Pſeaumes ont toûjours été chantés, & que ces livres *in-folio* pouvoient ſervir au chœur des Égliſes, je penſe que les verſets n'étant pas ſéparés par des alinea, on ne les a diſtingués par de plus grandes lettres peintes alternativement en bleu & en rouge, que pour en rendre l'inſpection plus frappante à ceux qui chantoient.

Je connois une autre Bible latine en deux volumes *in-folio*, ſans date, ſans nom de lieu ni d'Artiſtes, &, qui plus eſt, auſſi en Caractères mobiles de bois, dont je parlerai plus bas ; mais elle eſt poſtérieure à celle-ci, & ne peut être

---

ne, toutes les places que l'on a laiſſées vuides en tête des différentes parties du texte pour y peindre les lettres initiales, ne ſont point remplies. Il n'eſt donc pas ſurprenant que les notes manuſcrites ajoutées aux livres après l'impreſſion ſe trouvent ſouvent être fauſſes ; elles ſont le fruit de l'ignorance ou des préjugés des écrivains.

* On peut lire, par rapport aux fauſſes dates, les remarques de Proſper Marchand. *Hiſt. de l'Imp.* p. 109.

attribuée ni à Guttemberg, ni à Fauſt, par la raiſon que les grandes lettres initiales qui commencent les chapitres, ſont gravées en bois avec des ornemens fermés par un trait en carré, comme nos lettres griſes modernes, & imprimées avec le Caractère, ainſi que les ſommaires qui ſont en rouge. Or on ſait que ces lettres griſes carrées & fermées d'un trait, ſont poſtérieures au premier exercice de l'Imprimerie. Cette dernière Bible annonce un art bien plus avancé, au lieu que l'autre nous en montre le commencement d'une manière évidente.

On peut juger auſſi quelle eſt la première édition, de l'exemplaire du Roi, ou de celui du Collège Mazarin. Comme dans la réimpreſſion d'un livre, il n'eſt pas naturel de paſſer du plus aiſé & du mieux à ce qui eſt plus difficile & moins bien, il paroît tout ſimple de conclure que l'exemplaire du Roi, dont les lignes ont été un peu alongées pour rendre la compoſition plus facile & diminuer un peu les abréviations, eſt de la ſeconde édition. Il y a trois ſortes de

(g) dans ces deux exemplaires, comme je l'ai dit : un des trois, qui est d'une figure plus gracieuse, se trouve bien plus fréquemment dans cette seconde édition, pour laquelle on aura pû graver de nouveau quelques-unes de cette sorte de lettre. Enfin, ce qui me fait croire encore que l'exemplaire du Collège Mazarin est de la première édition, c'est que les Caractères y sont plus frais que dans l'autre, & qu'il est en vélin ou parchemin. On voit parmi les dépenses qui sont rapportées au procès par Guttemberg, que Fauſt avoit fourni de l'argent en détail pour .... *le parchemin*, &c. Ainsi on peut regarder cet exemplaire du Collège Mazarin comme étant la première édition faite en société avec Guttemberg & Fauſt. Mais qui a donc fait la seconde ? C'est encore Guttemberg, après la rupture de sa société avec Fauſt. Je ne ferai pas non plus d'accord sur ce point avec M. Clément, qui dit : *Il feroit bien difficile de prouver que Guttemberg ait continué son impreſſion après s'être séparé de Fauſt ; car il quitta Mayence de dépit, & s'établit à Strasbourg.*

Strasbourg. Je fais que M. Clément n'eſt pas ſeul de ce ſentiment, mais je ne le crois pas mieux fondé pour cela. Naudé & d'autres Auteurs prétendent avec bien plus de raiſon qu'il reſta à Mayence, & c'eſt-là qu'il a fait cette ſeconde édition, après laquelle il a renoncé à l'exercice de l'Art Typographique. Pluſieurs motifs me confirment dans cette idée, qui me paroît être appuyée ſur des fondemens ſolides. Le premier eſt que Guttemberg étant l'entrepreneur & le chef de la ſociété, libre d'ailleurs par ſon acte avec Fauſt de le priver de cette ſociété en lui rendant ſes fonds, il n'a pû être obligé de quitter ſon état, & n'a pas dû abandonner ſon Imprimerie à Fauſt pour aller errer dans d'autres villes, où l'on ne voit aucunes traces de ce paſſage. Rien n'a pû forcer Guttemberg à ces prétendues tranſmigrations, puiſque le procès que lui a intenté Fauſt n'avoit pas pour objet le fond de la ſociété, mais ſeulement des intérêts qui pouvoient être regardés comme uſuraires, & que Guttemberg ne vouloit point payer. Et quoiqu'il paroiſſe qu'il y ait été con-

P

damné, c'étoit une raison de plus pour qu'il gardât son Imprimerie, en accordant à Fauſt les deniers qu'il demandoit, & les lui donnant à prendre en nature ſur les exemplaires mêmes de la Bible, au défaut d'argent.

C'eſt ce qui paroît avoir été fait : voici les préſomptions que l'on en peut avoir. L'Imprimerie de cette ſociété étoit dans une maiſon dite *Zumjungen*, appartenant à la famille de Guttemberg, que Fauſt ne pouvoit conſerver malgré ſon aſſocié ou ſa famille ; il a donc été obligé de l'abandonner, & de ſe retirer dans une autre maiſon, où il a établi une nouvelle Imprimerie, & fait une nouvelle ſociété avec Pierre Schoiffer. La preuve en eſt évidente, puiſque dans ce temps-là, ſuivant le témoignage de Trithème, on connoiſſoit deux maiſons d'Imprimerie, celle de Fauſt, & celle de *Zumjungen*, ſur laquelle étoit encore de ſon temps une inſcription qui portoit que c'étoit la première Imprimerie. Guttemberg a donc gardé cette Imprimerie, c'eſt-à-dire, la maiſon & les Caractères, puiſqu'on ne voit ces Caractères dans aucune des éditions de Fauſt, qui n'auroit pas manqué de les employer s'il les eût poſſédés, attendu qu'ils étoient mobiles ; mais Guttemberg les ayant gardés, ne les aura certainement pas laiſſés inutiles. Comme Fauſt ſe ſera vraiſemblablement rembourſé de ce qui lui étoit dû, au moyen des exemplaires qui reſtoient de cette Bible, qu'on a dû tirer en petit nombre, ſuivant l'uſage de ce temps, & qu'il ſera venu vendre à Paris pour manuſcrits, il eſt naturel de croire que Guttemberg l'aura réimprimée, d'autant plus qu'il en avoit les matériaux tout prêts dans les Caractères & uſtenſiles qui lui reſtoient : cela aura engagé les nouveaux aſſociés, Fauſt & Schoiffer, à faire tous leurs efforts pour le ſurpaſſer en perfection dans le travail qu'ils venoient d'entreprendre, & cette émulation leur a fait produire deux ans après le Pſeautier, qui eſt un chef-d'œuvre Typographique, & tout de ſuite les Caractères de fonte.

On ne peut donc attribuer qu'à Guttemberg ſeul la nouvelle édition de cette Bible latine, puiſque le temps postérieur à cette rupture de la première société, est rempli par les livres existans & par les opérations connues de la seconde. Guttemberg, en effet, continua cet Art quelques années dans cette même maison ; mais voyant enfin que la nouvelle société l'emportoit sur lui par l'adresse de Schoiffer & par la nouvelle invention des Caractères de fonte, il y renonça de lui-même, ne pouvant atteindre à ce nouveau méchanisme qui effaçoit le premier, & il passa au service d'Adolphe II, Électeur de Mayence, qui le reçût au nombre de ses gentilshommes*. Il y mourut peu d'années après.

Guttemberg, en quittant son Imprimerie pour s'attacher au service d'Adolphe de Nassau, laissa sa maison à Conrad Homery, Docteur ès Loix, qui en fit une école publique de Droit, & qui, pour conserver la mémoire du premier établissement Typographique,

---

* On voit le brevet de la pension que fit ce Prince à Guttemberg, *page 424* du Recueil intitulé *Script. Mogunt. tom. nov.* cité par M. Schœpflin dans sa dissertation imprimée parmi les Mém. de l'Acad. des Inscrip. & Belles-Lettres, Tome 17.

fit mettre au dessus de la porte cette inscription, MAISON DE L'IMPRIMERIE, & garda précieusement les Caractères de Guttemberg comme un monument du premier établissement de l'Imprimerie à Mayence ; ce qui fut autorisé par ordre de l'Électeur & par un acte public daté de 1468, qui enjoint à Conrad Homery de ne les distraire ni vendre hors de ladite ville, où Bergellan & Serarius assurent les avoir vûs.

Au défaut de preuves absolues & décisives qui nous manquent, je ne crois pas qu'on puisse trouver rien de plus fort que ces conjectures qui appuient mon sentiment sur les deux éditions de cette Bible, faites l'une sur l'autre, avec les mêmes Caractères, toutes deux par Guttemberg, la première en société avec Faust, & la seconde pour son compte seul.

Cette dernière édition est la quatrième production de l'Art Typographique en taille de bois considéré en général, & la seconde en Caractères mobiles de bois.

La cinquième production de ce genre

eſt le Pſeautier *in-folio*, dont j'ai déjà beaucoup parlé, à cauſe des lumières qu'il répand ſur l'hiſtoire de l'Imprimerie. Fauſt ayant quitté Guttemberg, & n'ayant plus de ſecret à faire garder, ſe ſervit des talens de ſon nouvel aſſocié pour procurer à l'Imprimerie qu'il venoit d'établir, toute la perfection que la Gravure des ornemens en bois pouvoit y ajouter. Dès 1455 ils travaillèrent à ce nouvel établiſſement, & commencèrent par faire graver très-délicatement de grandes lettres, ayant trois à quatre pouces de hauteur & de largeur, avec des ornemens libres & non renfermés dans un trait carré, comme on a fait depuis : ces lettres ſervent aux commencemens des Pſeaumes, & tiennent lieu de celles qui juſqu'alors avoient été peintes. Schoiffer fit auſſi deux nouveaux Caractères, l'un de la hauteur de quatre lignes géométriques pour les Pſeaumes, l'autre de trois lignes pour les antiennes & les répons. La forme de ces Caractères eſt gothique, ils reſſemblent à ceux qu'on employoit alors dans les épitaphes & dans les inſcriptions publiques,

& se rapportent à peu près à la grosseur de nos *gros & petit Canons*.

Ces Caractères sont de bois & mobiles : la variété qui règne dans les mêmes lettres, est une preuve incontestable du premier article. On voit des *e* plus grands, plus petits, plus gras, plus maigres les uns que les autres ; les *i* portent des points ronds ou carrés, & des accens aigus plus ou moins inclinés ; d'autres ont des traits circulaires, & ainsi du reste des lettres : tout cela est plus que suffisant pour faire voir avec évidence qu'ils ne sont point fondus. Quant à la mobilité, elle est décidée par une seconde édition différente de la première. Au reste, ces lettres sont coupées & taillées très-hardiment ; le tout est imprimé avec la plus grande propreté & avec une intelligence surprenante, les lettres en beau noir, les capitales après chaque point en rouge par une double impression, & les grandes majuscules du commencement de chaque Pseaume à la façon des camayeux, par rentrée à trois couleurs sur la même capitale, dont les divers ornemens font en bleu, en rouge & en pourpre. Ces rentrées ou tierces impreſſions ſont faites avec un goût & une exactitude qui ne laiſſent rien à deſirer, & cela ſeul ſuffiroit pour rendre ce livre précieux, quand même il n'y auroit rien autre choſe de remarquable. Il y a cependant deux ou trois grandes lettres qui n'ont pas été ainſi gravées ni imprimées, parce qu'elles étoient de peu d'uſage, ce qui aura déterminé à n'en point faire la dépenſe; les *H*, par exemple, ne ſe trouvant au commencement d'aucun Pſeaume, mais ſeulement à celui de quelques antiennes, ont été peintes à la main. Chaque page de cette édition contient vingt lignes, & on a laiſſé des places vuides ſous quelques répons, pour y tracer à la main des notes de plein chant.

Ce livre, deſtiné à ſervir dans le chœur des Égliſes, eſt un chef-d'œuvre de l'Art; c'eſt le premier qui ſoit connu par une date & par les noms de lieu & d'Artiſtes: l'impreſſion en a été portée à un degré de perfection auquel n'a jamais pû atteindre aucun Typographe, soit ancien, soit moderne. On voit à la fin une souscription imprimée en pourpre, surmontée de deux écussons gravés en bois, qui paroissent liés ensemble à une petite branche d'arbre, & qui sont les armes ou marques de Fauft & de Schoiffer, lesquels s'en sont servis depuis dans leurs éditions. Cette souscription est en latin, elle porte que *le présent livre des Pseaumes*, ORNÉ DE BELLES CAPITALES, *& suffisamment distingué par des rubriques, a été ainsi fait & industrieusement terminé pour la gloire de Dieu, sans aucun secours de la plume, au moyen d'une invention ingénieuse de Caractères & d'impression, par Jean Fauft, citoyen de Mayence, & Pierre Schoiffer de Gernsheim, l'an du Seigneur 1457, la veille de l'Assomption.*

Enfin la sixième & dernière production de cette première Typographie avant l'invention des Caractères de fonte, est une seconde édition de ce Pseautier, faite avec les mêmes Caractères & les mêmes Capitales, le tout imprimé dans le même goût que la première édition : la seule différence qu'il y ait, c'est que les pages de la seconde portent vingt-trois lignes, au lieu que l'autre n'en a que vingt; les lignes en sont aussi plus longues, ce qui fait que le livre est moins épais. On voit à la fin de cette édition la même souscription qui termine la première, avec cette différence qu'elle est datée du 29 Août 1459, & qu'on y a ajouté qu'elle est faite *en l'honneur de S. Jacques* *.

C'est pendant l'impression de la première édition de ce livre, que l'intelligent & industrieux Schoiffer, ennuyé de la longueur du travail qu'exigeoient ces petites pièces de bois, ainsi que de

---

* Ces deux éditions du Pseautier sont sur vélin; elles se trouvent actuellement dans le cabinet de M. le Président de Cotte, où je les ai examinées avec soin; la seconde n'avoit été connue d'aucun Bibliographe, M. de Boze est le premier qui en ait parlé; c'est ce qui la rend très-précieuse. On conserve un exemplaire de la première édition dans la Bibliothèque Impériale à Vienne. Il y a encore une troisième édition de ce livre faite par Schoiffer en 1490, avec les mêmes Caractères, qui paroissent avoir été conservés & consacrés pour cet usage; elle ressemble en tout aux deux premières, à l'exception que le plein chant y est imprimé. La souscription, qui d'ailleurs est semblable aux deux autres, porte que cette édition a été faite en l'honneur de S. Benoît, dans la ville de Mayence, qui est le lieu de l'invention & du premier exercice de cet Art. On peut croire que ces diverses éditions ont été exécutées aux dépens de quelques Communautés de l'Ordre de S. Benoît. Il y a dans le Diocèse de Mayence plusieurs riches Abbayes de cet Ordre, une entr'autres dans cette ville sous le titre de S. Jacques.

la difficulté qu'il y avoit à y bien réuffir, & voyant l'impoffibilité de pouvoir faire ainfi de petits Caractères, fe trouva dans l'heureufe néceffité de chercher de nouveaux moyens, & parvint à inventer enfin l'Art admirable de l'Imprimerie tel que nous l'exerçons actuellement, & dont nous lui fommes entièrement redevables.

Comme cette differtation n'a uniquement pour objet que les productions de l'Imprimerie primitive en taille de bois, je n'irai pas plus loin quant à préfent ; mais ne voulant plus revenir fur les chofes de difcuffion, & ce que je vais ajouter pouvant fervir à éclaircir & à rendre plus intelligible ce que j'aurai à dire par la fuite, je vais m'arrêter un moment à cette nouvelle Typographie métallique, pour établir un fait qui femble être contradictoire, favoir, que le premier livre qui a paru en Caractères de fonte, n'eft cependant pas le premier ouvrage qui ait été entrepris par ce nouvel Art, ainfi que je l'ai annoncé dans ma première differtation.

Le 6 Octobre 1459, on vit pour la

première fois un livre imprimé avec des Caractères de fonte : ce livre a pour titre, *Durandi Rationale Divinorum Officiorum*, in-fol. En 1460, c'eſt-à-dire, quelques mois après, on publia une ſeconde édition du *Catholicon Johannis Januenſis*, auſſi *in-fol.* en Caractères de fonte, mais avec des différences dans le Caractère, qui prouvent la priorité du Catholicon : voici comment. Le Caractère de ce livre, dont la groſſeur revient à celle de notre *Cicero*, eſt maigre, mal formé, & annonce à la ſeule inſpection un premier eſſai dans ce genre de travail, au lieu que celui du *Rationale*, qui a la même groſſeur, eſt plus gras, bien mieux fini, & beaucoup plus régulier. Eſt-il vraiſemblable que Schoiffer, qui étoit l'Auteur de cette invention, ait d'abord fait un Caractère beau & bien exécuté pour le *Rationale*, & qu'enſuite il en ait fait pour ce Catholicon un autre imparfait, de la même groſſeur, dont on ne voit pas la néceſſité, & cela dans l'eſpace de quelques mois ? N'eſt-il pas plus naturel de croire qu'il a commencé par le Caractère de ce dernier livre ? que les poinçons étant gravés, les matrices frappées & juſtifiées, & le Caractère fondu, il en aura fait épreuve, & qu'il aura commencé tout de ſuite ce Catholicon, qui eſt un très-gros volume *in-folio* ? Mais cet Artiſte, auſſi adroit qu'intelligent, & qui connoiſſoit ſi bien la belle forme des lettres, n'a pû manquer de s'apercevoir bientôt des défauts de ce premier Caractère, qu'il n'avoit pû travailler ſur l'acier avec la même facilité que ceux qu'il avoit précédemment gravés ſur le bois. Il eſt donc vraiſemblable qu'il en aura entrepris tout de ſuite la réforme ; pour cela, il aura travaillé de nouveau les mêmes poinçons, & leur aura donné un peu plus de force ou d'épaiſſeur ſur la lettre, ce qui ſe fait en limant ou uſant la ſurface avec une pierre à l'huile ou quelqu'autre inſtrument, pour pouvoir retailler & corriger ; enfin il aura gravé quelques nouveaux poinçons à la place de ceux qui n'auront pû être raccommodés, ou dont il aura voulu changer la figure, comme des *g*, dont il y a différentes ſortes dans ce dernier Caractère : au moyen de ces changemens, il en aura fait un Caractère nouveau, plus parfait que le premier, & qui par une suite nécessaire est resté de la même grosseur, autrement il y auroit eu de la stupidité à ne les pas varier.

Schoiffer devant être nécessairement plus content de ce dernier Caractère, s'en sera servi pour imprimer un autre livre, moins considérable que le Catholicon, pendant le temps que l'on continuoit l'impression de celui-ci, & ce livre est le *Rationale* qu'il publia le premier, quoiqu'il n'eût été commencé que le second, afin de faire paroître sa nouvelle invention avec plus d'éclat & d'en retirer plus de gloire. On voit dans la souscription de ce *Rationale*, comme dans celle des deux Pseautiers, les noms de Fauft & de Schoiffer, leurs armes, &c. mais Schoiffer n'a pas jugé à propos de mettre de noms dans celle du Catholicon dont l'exécution lui plaisoit moins. D'ailleurs la souscription de ce Catholicon est conçue bien différemment des précédentes, & de celles des ouvrages qu'il a faits depuis. Quoiqu'elle ne dise absolument rien de positif touchant cette nouvelle invention, cependant, lorſqu'on l'examine attentivement, on voit qu'elle en dit aſſez pour qu'on puiſſe conclure que cet ouvrage eſt le premier fruit du nouvel Art Typographique en Caractères de fonte. *Avec l'aſſiſtance du Tout-Puiſſant*, porte cette ſouſcription latine, *qui rend les enfans éloquens, & qui leur révèle ſouvent des choſes qu'il cache aux ſavans, ce livre* intitulé Catholicon *a été achevé d'imprimer en 1460, à Mayence, ville d'Allemagne, (qu'il a plû à Dieu d'élever au deſſus de toutes les autres nations par le don gratuit d'une ſi grande production de l'eſprit.) Il n'a pas été fait avec le roſeau, le ſtylet ou la plume, mais il a été imprimé par* UN ACCORD, UNE PROPORTION ET UNE JUSTESSE ADMIRABLES DES MOULES ET DES MATRICES. M. Schœpflin, dans ſa diſſertation ſur l'Imprimerie que j'ai citée plus haut, a déjà fait remarquer que les mots *mira patronarum formarumque concordia, proportione ac modulo*, qui ſont à la fin de cette ſouſcription, pouvoient être relatifs à l'invention des lettres de fonte.

Les termes de Schoiffer semblent le décider : ces mots *Avec l'aide du Tout-Puissant, qui rend les enfans éloquens, & qui leur révèle souvent des choses qu'il cache aux savans*, paroissent être une application qu'il se fait à lui-même au sujet de cette invention, dont il rend hommage à Dieu, & dont il fait honneur à la ville de Mayence, en la mettant au dessus des autres à cause de cette heureuse découverte. Ceci joint aux raisons que j'ai apportées plus haut, prouve clairement que ce Catholicon est le premier fruit du véritable Art Typographique en Caractères de fonte, tel que nous l'exerçons aujourd'hui.

On connoît encore plusieurs livres faits avec des Caractères en taille de bois, qu'on ne peut attribuer aux premiers inventeurs, Guttemberg, Fauft & Schoiffer, par la raison que ce dernier ne grava plus de Caractères de bois après avoir inventé ceux de fonte, & que l'espace de temps qui a précédé est exactement rempli par leurs opérations connues. Une autre preuve bien plus forte est que ces autres livres

en

en taille de bois sont faits avec différens Caractères, qui ont à la vérité la même figure & à peu près la même grosseur que ceux de ces premiers Artistes, mais cette figure & cette grosseur varient du plus au moins ; les uns sont un peu plus serrés, les autres un peu plus larges ; enfin on y aperçoit des manières de faire sensiblement différentes. Or il n'est pas probable que ces premiers Artistes aient fait plusieurs Caractères qui n'auroient différé que par des nuances de grosseur & de goût, & qui par conséquent ne pouvoient servir qu'à leur faire perdre un temps précieux, à augmenter inutilement la dépense, & à jeter de la confusion dans leurs ouvrages : aussi ne les trouve-t-on point dans les éditions connues pour être d'eux.

Mais il n'est pas difficile de découvrir les Auteurs de ces diverses éditions postérieures à Guttemberg. Schoiffer ayant inventé l'art de fondre les lettres, & Guttemberg ayant en conséquence abandonné vers ce temps, comme je l'ai dit, l'exercice de l'Imprimerie pour passer au service de l'Électeur de Mayence, on conçoit aisément que tous les ouvriers en Caractères de bois cessèrent tout à coup d'avoir de l'ouvrage ; mais il ne faut pas croire pour cela qu'ils soient restés oisifs : chacun prit son parti ; quelques-uns sans doute demeurèrent avec Schoiffer pour l'aider dans son nouveau travail ; ceux qui avoient du talent pour la taille de ces lettres de bois, se dispersèrent de différens côtés, & furent les premiers qui répandirent cet Art en l'exerçant pour leur propre compte, ou pour ceux qui se les attachèrent en attendant qu'ils pussent parvenir à faire usage des Caractères de fonte. Ce sont eux qui ont produit les livres en Caractères de bois, soit fixes, soit mobiles, dont il reste encore quelques exemplaires ; ils les ont exécutés d'une manière proportionnée à leurs moyens, c'est-à-dire que n'ayant pas de gros fonds, ils ont fait de petits livres. C'est en effet de ce temps que l'on date les *in-4°*. & les *in-8°*. comme le *Liber Regule Pastoralis Gregorii Pape*, in-8°. dont j'ai parlé plus haut ; les différentes éditions du *Speculum humanæ salvationis*, en Caractères mobiles ; quelques-uns des fragmens que cite M. Schœpflin dans sa dissertation, comme *Soliloquium Hugonis*, en 10 feuilles; *Gesta Christi*, en 11 feuilles, à deux colonnes, &c. *Horologium Beatæ Virginis Mariæ*; quelques livres allemands avec figures, & d'autres de cette nature qui sont moins intéressans. Ces ouvriers quittant des maîtres chez lesquels ils avoient travaillé plusieurs années, il est naturel qu'ils aient conservé leur goût & continué de les imiter : on ne doit donc pas être surpris de voir que tous ces ouvrages approchent si fort les uns des autres par la manière de faire & par la grosseur des Caractères. Ils ont poussé l'imitation jusqu'à ne mettre à leurs premiers ouvrages ni date, ni nom de lieu, ni nom d'Artistes.

Le livre le plus considérable qu'ils aient fait de cette façon, est une nouvelle édition d'une Bible latine *, en 2 volumes *in-folio*, à deux colonnes de 49 lignes chacune, les deux portant ensemble sept pouces six lignes & demie de large, sur onze pouces dix li-

---

* Cette Bible se trouve encore dans le cabinet de M. le Président de Cotte. Ceux qui ont fait la notice qu'on en a donnée dans le Catalogue des livres de M. de Boze, dont elle fai-

gnes de haut. Le Caractère est de la même forme que celui de la Bible faite par Guttemberg, mais un peu plus petit ; les chapitres commencent par des lettres gravées en bois avec divers ornemens gothiques : ces lettres ont été appelées par la suite *lettres grises* ; elles diffèrent, par le goût & par l'exécution, de celles que Schoiffer a employées dans les deux éditions du Pseautier & dans le *Rationale* : celles de cette Bible sont en carré, de la hauteur de quatre & quelquefois de six lignes d'impression. L'on trouve dans ce Caractère des (&) semblables à celle-ci ; la marque du papier est un D barré ; les lettres sont de bois & mobiles : on y observe les mêmes choses que j'ai fait remarquer dans celles de la première Bible ; elles ne sont pas égales ; il y en a beaucoup de liées ensemble, par la nécessité où l'on étoit de rendre plus épaisses & plus solides ces petites pièces fragiles dont les mêmes figures ne se ressemblent pas toûjours, ce qui caractérise

---

soit partie, se sont trompés en disant qu'elle est pareille à celle du Roi & plus ancienne que celle de Mayence. Ces deux assertions sont tout-à-fait contraires à la vérité.

particulièrement cette forte de travail.

Il y a dans la Bibliothèque du Roi plufieurs ouvrages de ce genre & de ces Artiftes poftérieurs : j'en ai vû un entr'autres, intitulé *Preceptorium Divine Legis Fratris Johannis Nyder*, petit *in-fol.* dont la page contient 37 lignes : le Caractère eft de la même groffeur & de la même figure que celui de la Bible ci-deffus. J'ai remarqué dans cette même Bibliothèque un fecond exemplaire de ce livre, auffi fans date, fans nom de lieu & d'Artiftes, en tout femblable au premier, foit pour le Caractère, foit pour la forme, mais cependant d'une édition différente. Parmi les feuilles de papier qui le compofent, il y en a quelques-unes qui portent la marque de la tête de bœuf.

On y voit encore un autre livre qui eft comme une fuite de celui-ci, auquel il reffemble parfaitement pour l'exécution; il a pour titre *Johannis Nyder Formicarius*; le format eft le même, la page contient également 37 lignes, & les Caractères font auffi de bois. Ceux-ci, indépendamment des marques générales par lefquelles on les distingue, en ont encore de particulières : on aperçoit par intervalles sur les gros traits des lettres, de petites marques blanches causées par des filamens d'un bois poreux, qui n'étoit pas assez compacte pour l'usage auquel on l'employoit.

Ces éditions & toutes celles qui leur ressemblent, n'ont qu'un mérite du second ordre, à l'exception du *Speculum* qui sera toûjours précieux à cause des singularités de son exécution : elles sont inférieures de toutes manières à celles qui annoncent l'origine & les progrès de l'Art Typographique, & elles ne méritent pas à beaucoup près le cas que bien des personnes, d'ailleurs versées dans la connoissance des livres, en ont fait jusqu'ici, faute d'en connoître la vraie valeur. Un *Donat*, un *Catholicon*, par exemple, de la première édition en planches fixes, seroient infiniment précieux, comme représentant les premières productions de l'Art ; mais les ouvrages dont je viens de parler, quoique faits en Caractères de bois, ne doivent pas être regardés comme étant d'un grand prix, vû qu'ils ne sont plus que de foibles restes d'un Art abandonné, & qu'ils n'annoncent dans les Artistes que l'impuissance de faire mieux, & d'imiter un nouvel Art qui leur étoit inconnu. Le seul avantage qu'on puisse retirer de ces éditions, c'est qu'elles représentent, ainsi que les premières, le texte original des manuscrits.

Parmi ces productions, il y en a plusieurs qui sont accompagnées de figures ou images aussi gravées en bois, & imprimées d'un seul côté, comme l'*Ars memorandi notabilis per figuras*, & l'*Ars moriendi*, dont j'ai parlé; *Historia B. Mariæ Virginis in figuras*, auxquels on peut ajouter l'*Histoire de l'ancien & du nouveau Testament*, l'*Histoire de S. Jean en figures*; la première édition du *Speculum*, & les figures qui sont dans les autres éditions. Ces ouvrages peuvent être regardés comme appartenant à l'Art de graver en bois, antérieur à l'idée d'imprimer des livres. Quant aux autres, ceux dont le discours est gravé sur des planches fixes, & qui portent des marques d'antiquité, peuvent passer pour appartenir encore au même Art; mais ceux où l'on voit des Caractères mobiles au dessous des figures, viennent certainement des Artistes postérieurs, & sont dûs aux ouvriers qui avoient travaillé précédemment sous Guttemberg, sous Faust & sous Schoiffer.

ERRATA.

Première Dissertation, page 52, 3ᵉ ligne de la note: *à la Bibliothèque du Roi*, lisez, *à la Bibliothèque de S. Germain des Prés.*

DANS CE VOLUME.

Page 43, à la fin de la première ligne, ajoutez en note:

On voit des exemplaires de cette Bible de 1462, qui portent différentes souscriptions; les unes marquent que ce livre n'est point écrit à la plume ni au stylet, mais qu'il est IMPRIMÉ par un nouvel Art; les autres font entendre seulement qu'il est le fruit de l'*industrie* de Faust & de Schoiffer. Dans l'un & l'autre cas, Faust n'a pû vendre cette Bible pour manuscrite, & cela quinze ans au moins après l'origine de l'Imprimerie.

Page 98, après la 21ᵉ ligne, ajoutez en note:

Ce livre fut acheté par Gabriel de la Gardie, Chancelier du Royaume de Suède, qui en fit présent à la Bibliothèque publique d'Upsal.

APPROBATION.

J'AI lû par ordre de Monseigneur le Chancelier un Manuscrit intitulé: *Dissertation sur l'Origine & les productions de l'Imprimerie primitive en taille de bois, jusqu'à l'invention du véritable Art Typographique en Caractères de fonte; avec une réfutation des préjugés plus ou moins accrédités sur cet Art: pour servir de suite à la Dissertation sur la gravûre en bois.* Cet Ouvrage m'a paru d'autant plus digne d'être imprimé, qu'il est propre à répandre un grand jour sur l'histoire de l'Imprimerie, & à faire connoître d'une manière plus exacte les premières productions de cet Art. Fait à Paris le 15 Décembre 1758. SALLIER.

Le Privilège est à la fin de la première Dissertation, *Sur l'Origine & les Progrès de l'Art de graver en Bois.*

ADDITION.

JE me suis beaucoup étendu sur l'article du *Speculum humanæ salvationis* : j'ai fait voir qu'il en existe trois éditions différentes dans quatre exemplaires latins qui sont à Paris, & qui se trouvent être les seuls que l'on connoisse en France. Je m'étois contenté d'en indiquer trois autres en langue flamande, d'après divers témoignages, parce qu'il ne m'avoit pas été possible de parvenir à en voir aucun ; mais maintenant je suis en état d'en parler d'une manière plus positive. C'est un avantage que je dois à la politesse & au caractère obligeant de M. Meerman : il vient de mettre le comble aux obligations que je lui avois déjà, en m'envoyant de Roterdam un exemplaire précieux d'un de ces *Speculum* en flamand, qui fait partie de sa riche Bibliothèque, uniquement pour satisfaire l'envie que je lui avois marquée de connoître ce livre par moi-même.

Cet illuftre Savant, non moins recommandable par les qualités du cœur que par celles de l'efprit, & par la vafte étendue de fes connoiffances, vient de recevoir de la part de la République dont il eft Membre diftingué, une marque éclatante de l'eftime qu'elle fait de fon mérite. Les Etats-Généraux l'ont nommé l'un des Miniftres extraordinaires qu'ils envoient en Angleterre, pour défendre leurs intérêts dans les différends qui font furvenus entre les deux Puiffances.

C'eft dans le temps même que M. Meerman part pour Londres chargé des affaires les plus importantes, qu'il veut bien ne point perdre de vûe celles de la Littérature, & me communiquer un exemplaire qui n'avoit été connu jufqu'ici en France que de nom. Je l'ai reçu lorfque la dernière feuille de cette Differtation étoit fous preffe : c'eft ce qui a occafionné cette addition.

Cet exemplaire en flamand est, ainsi que je l'ai dit, une traduction de l'édition latine, non en prose rimée, comme celle-ci, mais en prose ordinaire, ce qui fait que les lignes sont pleines. Il commence par un prologue qui contient trois feuillets : les cinq, & non pas les quatre premières lignes, ont été reculées pour laisser une place vuide propre à recevoir le dessein d'un S majuscule ; la première est ainsi,

So wie ter rechtuaerdichet vele mesche

Je l'a répète ici, parce qu'à la page 174, où je l'ai citée, il se trouve deux mots différemment écrits, faute d'avoir eu l'original pour lors sous les yeux. Cette ligne est surmontée d'une autre en forme de titre, qui finit par ces mots *Speghel onser behoudenisse* : c'est la traduction exacte de ceux-ci, *Speculum nostræ Salutis*. Le quatrième feuillet comprend une table ; vient ensuite l'ouvrage même, qui commence par une grande H deſſinée dans l'eſpace que l'on a ménagé en reculant les cinq premières lignes.

Les eſtampes ou vignettes ſont conſtamment les mêmes que celles des exemplaires latins ; elles ſe ſuivent dans le même ordre, & ſont auſſi imprimées de couleur griſe par le même méchaniſme, c'eſt-à-dire en frottant le revers du papier avec un inſtrument quelconque, ce qui fait qu'en cet endroit il eſt rembruni & liſſé, mais un peu moins ſenſiblement que dans les exemplaires latins. J'ai examiné ces vignettes avec la plus grande attention, ſans oublier même les caſſures qui ſe trouvent à quelques-uns des traits qui les bordent: je puis aſſurer qu'elles ſont parfaitement ſemblables aux autres, ſi ce n'eſt qu'elles ſont un peu moins jaunes, & d'un gris qui tire un peu plus ſur le noir ; ce qui prouve que l'on a auſſi imprimé de ces vignettes à différentes fois.

Au reſte, cette édition flamande

a été imprimée en deux temps, comme les autres, les vignettes d'abord, ensuite le discours : cela est démontré par des signes qui ne sont pas équivoques, je veux dire les différentes teintes des vignettes & du Caractère, leur approche inégale, souvent même de travers, & la marque sensible de deux sortes d'impressions que présente le revers. Le discours contient aussi 25, 26, & quelquefois 27 lignes à chaque colonne, y compris une ligne de titre qui est ordinairement la traduction de celle que l'on voit en latin au bas de l'intérieur des vignettes, & une ligne à la fin, qui sert à marquer la citation de l'endroit de la Bible d'où les sujets sont tirés.

Le Caractère est exactement le même que celui dont on s'est servi pour imprimer les deux éditions latines en noir, dont j'ai donné la description ; mais il a été employé plus proprement & avec beaucoup plus de soin ; on n'y voit point la forte *macule* que j'ai remarquée dans les autres. Cette propreté a pu contribuer encore à séduire ceux qui ont cru que ces Caractères étoient de fonte. J'ose néanmoins répéter avec confiance, qu'ils ne sont pas une production de cet art, comme on l'a prétendu. Ils partent à la vérité d'une main sûre & habile ; la régularité & la hardiesse de l'exécution le prouvent ; mais, malgré cela, il est certain qu'ils sont de bois, & mobiles. Pour s'en convaincre, on n'a qu'à se rappeler ce que j'ai dit en parlant du Caractère des éditions latines imprimées de couleur noire : les mêmes marques se retrouvent encore ici ; il y a plus, j'en ai observé de nouvelles. Les points, par exemple, qui ne se trouvent pas dans ces premières éditions latines, sont très-fréquens dans celle-ci : ils diffèrent essentiellement entre eux par la figure ; on en voit de gros, de petits, les uns carrés, les autres en lozange, &c. Les (t) sont accompagnés d'un trait plus ou moins incliné ; quelques-uns ont des espèces de petits boutons, tantôt en haut, tantôt en bas ; d'autres n'en ont point. Les (y) finissent par un trait fin, qui est différemment contourné : l'on aperçoit encore des différences essentielles dans les (h) ainsi que dans plusieurs autres lettres ; mais elles ne peuvent être saisies que par des yeux infiniment attentifs & très-exercés. De pareilles variations ne permettent pas de croire que ces lettres aient été formées par une matrice. C'est une vérité dont tous les Artistes seront forcés de convenir, & qui ne peut être parfaitement sentie que par ceux qui ont une connoissance particulière de la Typographie.

Dans ce même exemplaire, les feuillets 49 & 60, qui sont formés par une feuille pliée en deux & mise en cayer, représentent encore une autre édition du *Speculum* en flamand, tout-à-fait différente. Les vignettes de ces deux feuillets sont parfaitement semblables aux autres ; leur impreſſion diffère pareillement de celle du texte. Le Caractère de ce fragment a toûjours la même figure que celui des autres feuilles, il eſt auſſi imprimé en noir, mais il ſe trouve d'un treizième plus petit, c'eſt-à-dire que les 27 lignes qui compoſent chaque colonne de ces deux pages, n'occupent pas plus d'eſpace que 25 de celles qui forment les autres pages de cet exemplaire. La différence qu'il y a entre ce Caractère & l'autre, frappe les yeux d'une manière ſenſible ; ſon exécution eſt beaucoup moins égale, moins parfaite, en un mot il laiſſe voir plus à découvert la fabrique des Caractères mobiles de bois. De plus, on n'aperçoit aucuns points dans ces deux pages, au lieu qu'ils ſont très-communs dans toutes les autres. M. Meerman me marque que cette ſingularité ſe trouve auſſi dans un exemplaire du *Speculum* en flamand, qui appartient à M. Schwenke, Profeſſeur d'Anatomie à la Haye.

Voilà donc bien exactement cinq

éditions du Speculum que j'ai eu l'avantage d'examiner. M. Seitz en annonce encore d'autres dans le chapitre IV *. de l'ouvrage qui a pour titre, *Annus tertius fæcularis inventæ artis Typographicæ*. Il les attribue toutes fans exception à Laurent Cofter **. Voici quel eft, felon moi, l'ordre fucceffif de ces éditions.

* Dans la citation que j'ai faite de cet ouvrage, *page 171*, on a mis *page 4* pour *chapitre 4*.

** M. Seitz eft fi fortement perfuadé que Cofter eft l'inventeur de l'Imprimerie & qu'il a imprimé tous ces *Speculum*, qu'il s'emporte avec la plus grande vivacité contre Chevillier, pour avoir ofé feulement en douter. Il dit que quiconque révoqueroit encore ce fait en doute feroit digne non feulement *de rifée, mais encore de mépris*. Je ne puis donc manquer d'encourir toute fon indignation, puifque non content d'en douter, comme Chevillier, j'ai tâché d'en démontrer la fauffeté, détruifant par-là, fans le favoir, les prétentions de M. Seitz. La rareté de fon ouvrage en France, m'a mis dans la néceffité de le faire venir de Hollande ; mais je ne l'ai reçu qu'après l'impreffion de la première partie de ma Differtation, qui traite des préjugés concernant l'Origine de l'Imprimerie. C'étoit le lieu d'en parler, & il méritoit bien d'y trouver place. Les idées de cet Auteur font marquées au coin de la plus grande fingularité. En voici un échantillon, qui fera voir en même temps quelle peut être l'étendue de fes connoiffances typographiques. Il dit que Cofter a inventé les Caractères de fonte en formant dans de l'argille l'empreinte des Lettres gravées : cette argille durcie étoit la matrice des Caractères de Cofter. Je ne crois pas que ceux qui ont été le moins favorables à ce prétendu inventeur de l'Imprime-

La première est sans contredit l'édition latine dont on voit un fragment de vingt feuillets dans les exemplaires du Roi, de Sorbonne & de M. le Président de Cotte, imprimés avec des planches de Caractères fixes, en couleur grise comme les vignettes, & par le même méchanisme, c'est-à-dire en frottant le revers du papier avec quelque instrument, par conséquent avant l'usage des presses, & vraisemblablement avant toute autre production Typographique. La seconde est une autre édition latine en Caractères mobiles de bois imprimés en noir, & qui compose le reste de ces trois exemplaires. La troisième est encore une édition lati-

---

rie, aient jamais pu imaginer un moyen plus propre à lui enlever l'honneur de cette invention & à le couvrir de ridicule. M. Seitz donne des variantes de différentes éditions du *Speculum*, mais il ne fait pas mention de celles que j'ai remarquées dans trois exemplaires de Paris, & qui consistent dans ces vingt feuillets imprimés en entier de couleur grise, avec des planches de Caractères fixes, & sans le secours de la presse. Cette première edition seroit-elle inconnue à Harlem ? Un pareil manque de connoissance s'accorderoit mal avec les prétentions de cette ville.

ne faite avec les mêmes Caractères imprimés auſſi en noir, dont il exiſte un exemplaire complet dans la Bibliothèque des Céleſtins de Paris. Je regarde ces deux dernières comme étant la ſeconde & la troiſième, parce qu'elles portent des marques qui prouvent qu'elles ſont antérieures à celles dont je vais parler : ces marques ſont une manière de faire plus timide, une exécution moins régulière, un enſemble moins parfait ; ajoûtez à cela que dans ces éditions il ne ſe touve aucuns points. Le diſcours des éditions en flamand n'étant que la traduction du latin, ſuivant le témoignage de Maittaire, que perſonne n'a contredit, il s'enſuit qu'elles ſont poſtérieures : on en voit d'ailleurs des preuves. Cet exemplaire de M. Meerman eſt beaucoup mieux imprimé que les deux éditions qui précèdent, quoiqu'avec les mêmes Caractères ; on y trouve des points, des titres & une table, toutes choſes qui n'exiſtent pas dans celles-là, & qui annoncent un ouvrage perfectionné. Le fragment qui forme les pages 49 & 60, dont le texte est destitué de points, & le Caractère moins parfait, paroît représenter la première traduction du latin en flamand, & fait par conséquent la quatrième édition. Les autres feuillets de cet exemplaire constituent la cinquième. Enfin celle de Cullembourg faite en 1483 est la sixième, & vraisemblablement la dernière, puisque les planches des vignettes, quoique précisément les mêmes d'ailleurs, ne s'y trouvent plus en entier, & qu'elles sont sciées en deux.

Je ne conçois pas comment M. Seitz a pu rapprocher dans son imagination, des faits si visiblement opposés concernant ce prétendu inventeur de l'art Typographique. Il faut que l'amour national l'ait séduit d'une étrange manière, & que préoccupé du sentiment que lui dictoit ce préjugé, il y ait ramené tous les faits sans s'apercevoir que c'étoit aux dépens de la vérité. Est-il naturel de croire que Coster, qui en se promenant à la campagne auroit imaginé le premier, comme on le prétend, de graver des lettres sur du bois de hêtre pour imprimer un livre, se soit borné à l'exécution d'un seul ouvrage ; qu'il l'ait répété cinq ou six fois sans nécessité ; qu'il ait gravé pour cet effet au moins trois Caractères qui n'auroient différé entre eux que par des nuances de grosseur ; qu'il les ait imprimés tous avec les mêmes images, & qu'enfin la sagacité de son esprit lui ait fait imaginer les Caractères de fonte qui, au dire de M. Seitz, parurent pour la première fois dans ces *Speculum*, dont les lettres hardiment faites auroient été, selon lui, formées par des matrices de terre séchée ? D'ailleurs, si Coster eût été véritablement le père de la Typographie, & Harlem le lieu de cette découverte, n'y en seroit-il pas resté d'autres vestiges ? n'auroit-il pas continué de l'y exercer ? n'y auroit-il pas laissé des successeurs ?

On lui attribue à la vérité l'édition

d'un *Donat* dont on a trouvé quelques fragmens en parchemin, collés sur la couverture d'un vieux livre. M. Seitz en représente le Caractère par un autre qui est actuellement d'usage en Allemagne, comme si un Caractère original pouvoit être autrement représenté que par une imitation fidèle & scrupuleuse ? Au reste, tout ce que l'on pourroit conclure de-là, c'est que les Caractères mobiles de bois qui ont servi aux *Speculum*, auront été aussi employés à faire l'édition du *Donat* dont M. Seitz donne un fragment, *page 113 & suivantes*, sans qu'on puisse pour cela l'attribuer à Coster, d'autant mieux que la première édition de ce livre est annoncée par divers Auteurs, comme ayant été faite avec des planches de Caractères fixes, & non en lettres mobiles telles que celles de ce fragment.

Je m'en tiens donc à ce que j'ai dit plus haut sur ces *Speculum*, & je souhaite que les remarques que j'ai faites à ce sujet puissent servir à

donner une connoissance plus étendue & plus exacte d'un ouvrage si
célèbre, & jusqu'à présent si mal
connu.

F I N.

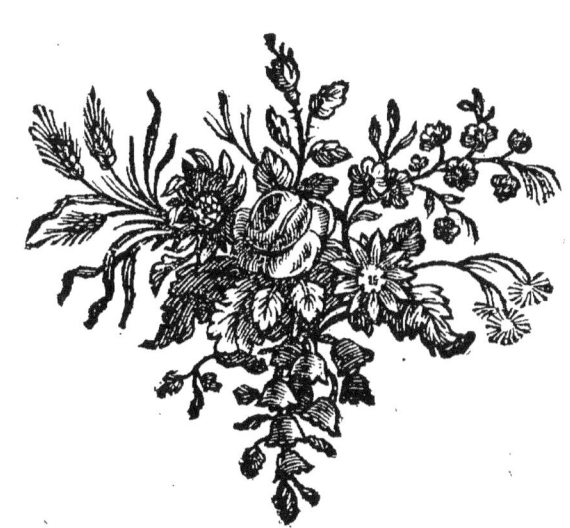

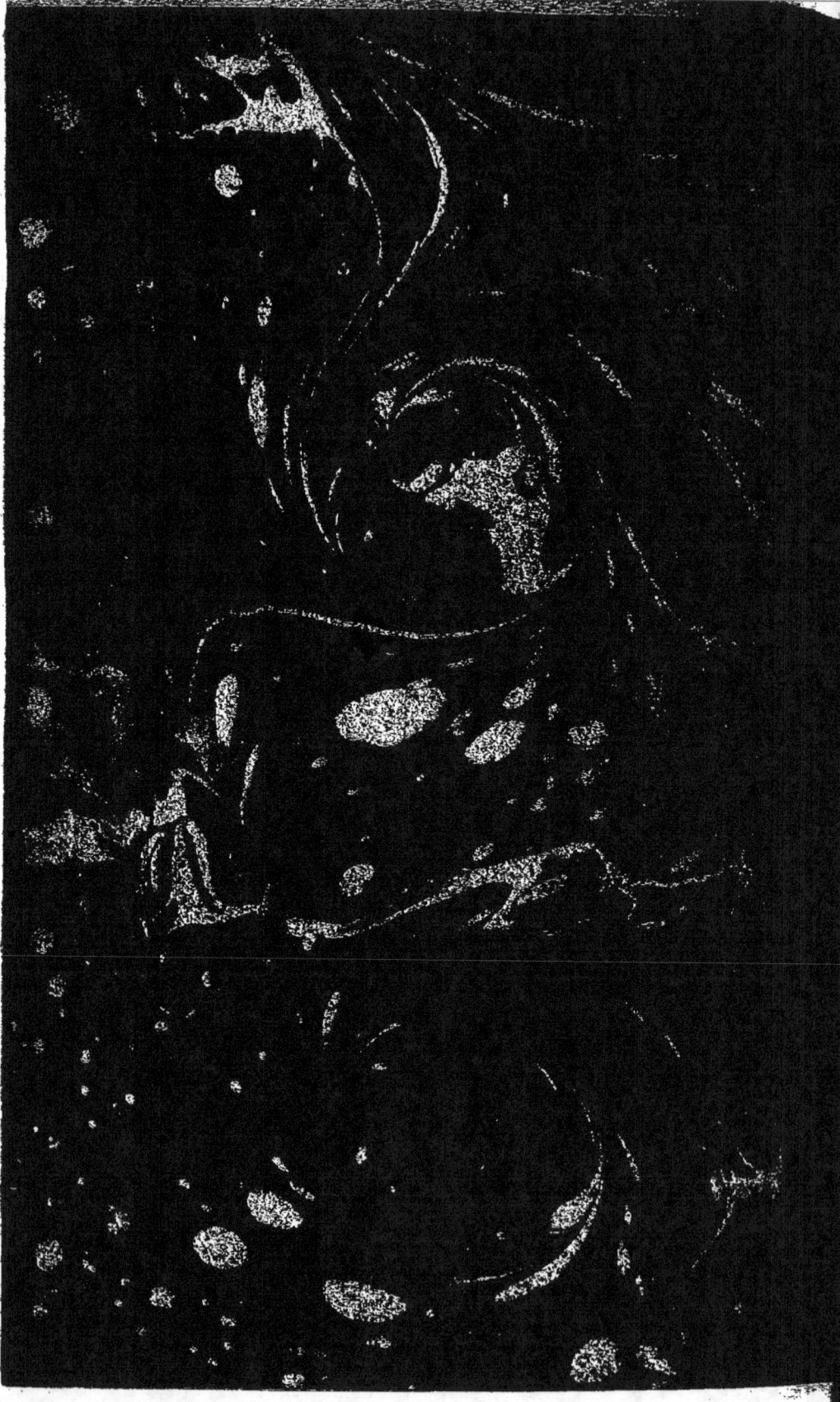

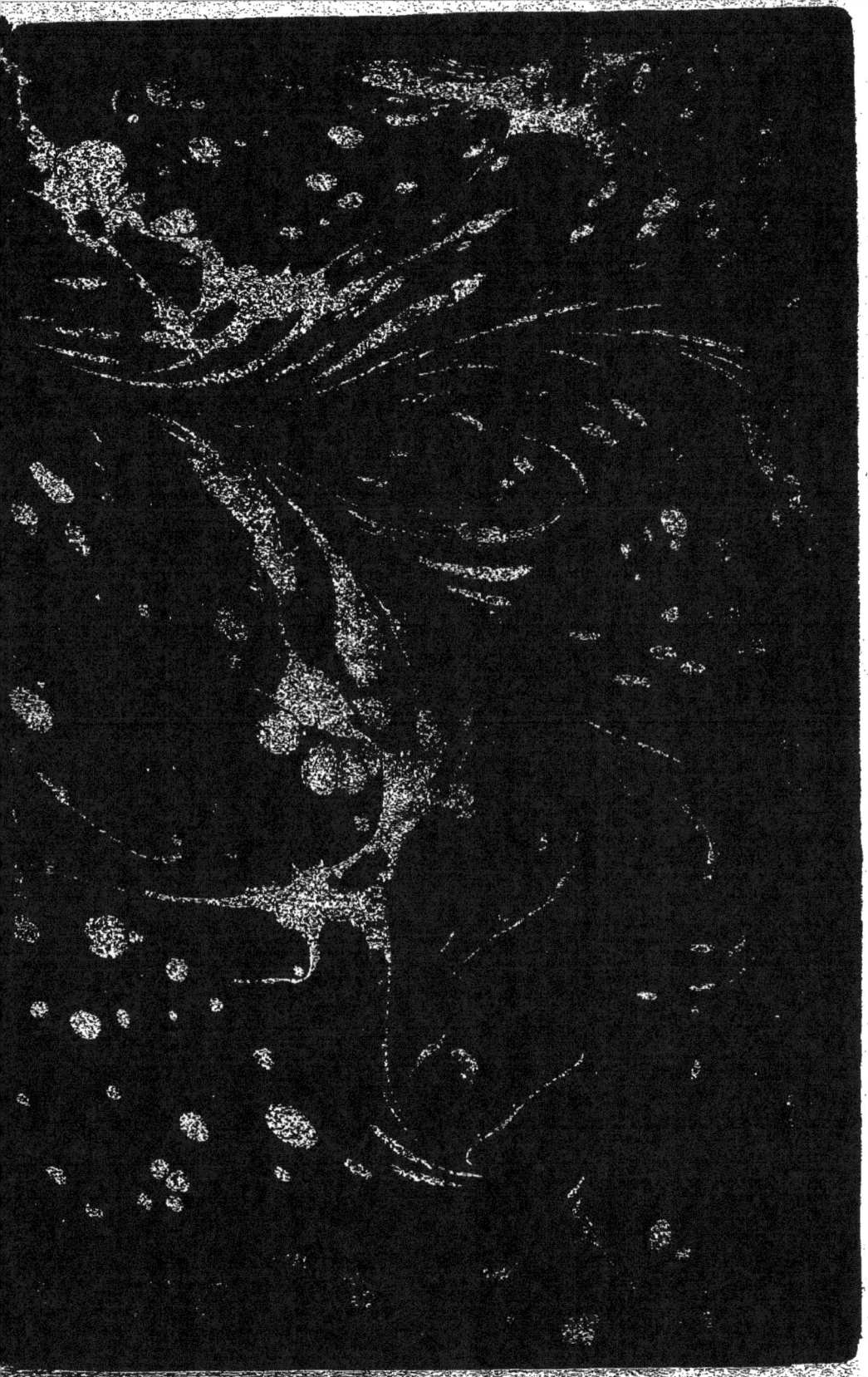